歴史文化ライブラリー

122

飛鳥の朝廷と王統譜

篠川　賢

吉川弘文館

目次

飛鳥朝の政権抗争と王位継承—プロローグ……1

王統の原理とその形成

記紀の皇統譜……8
六、七世紀の王統の原理……20
皇統の原理と「不改常典」……40

王権の構造

六、七世紀の太子（ヒツギノミコ）……60
六、七世紀の大兄……74
「大后制」の成立と王統の原理……84

飛鳥朝前期の政権抗争

推古女帝の登場……94
舒明天皇の即位……106
上宮王家滅亡事件……120

乙巳の変と「大化」の新政権……131
蘇我石川麻呂討滅事件……145
飛鳥朝後期の政権抗争
斉明天皇の即位と有間皇子事件……156
天智朝の政局と壬申の乱……165
草壁皇子と大津皇子……177
持統天皇の即位と譲位……189
あとがき
参考文献

飛鳥朝の政権抗争と王位継承――プロローグ

あいつぐ政権抗争

推古《すいこ》天皇が豊浦《とゆら》宮で即位してから、元明《げんめい》天皇が平城《へいじょう》京に遷都するまで、歴代の諸宮は、孝徳《こうとく》天皇の難波《なにわ》宮と天智《てんじ》天皇の大津《おおつ》宮を除き、ほとんどが奈良盆地南部の飛鳥《あすか》の地に営まれた。この時代を、ふつう飛鳥時代と呼んでいる。西暦にして五九二年から七一〇年までの、およそ一世紀余りの間である。この間、飛鳥を舞台とした、あるいはさらに他地域にまで舞台を広げた、多くの政権抗争がおきている。

推古朝の政局は、比較的安定していたようであるが、推古女帝が死去すると、次の天皇（大王）をめぐって、田村《たむら》皇子（舒明《じょめい》天皇）を立てるか、山背大兄《やましろのおおえ》王を立てるかの紛争があり、山背大兄王を推す境部摩理勢《さかいべのまりせ》が、蘇我蝦夷《そがのえみし》によって討たれている。舒明天皇の次の皇極《こうぎょく》天皇の時は、山背大兄王とその一族が滅ぼされる事件（上宮《じょうぐう》王家滅亡事件）、蘇我蝦夷・入鹿《いるか》父子が討たれる事件（乙巳《いっし》の変）があいつぎ、孝徳天皇が即位し「大化《たいか》」の新政権が成立した直後にも、古人大兄皇子《ふるひとのおおえ》が謀反を企てたとして殺害された。孝徳天皇の時代には、蘇我石川麻呂《いしかわまろ》が中大兄皇子《なかのおおえ》との対立によって自殺においやられ、さらにその後は、天皇と中大兄皇子との対立も生じている。

孝徳天皇の死後、皇極女帝が重祚《ちょうそ》したが（斉明《さいめい》天皇）、この斉明天皇の時には、孝徳天皇の子の有間《ありま》皇子が、謀反を企てたということで捕えられ処刑された。斉明天皇の死後、称制《しょうせい》を経て中大兄皇子が即位し（天智天皇）、天智天皇の死後は、古代最大の内乱といわれる壬申《じんしん》の乱の勃発となった。壬申の乱に勝利した天武《てんむ》天皇の時代は、表立った政争はおさえられていたが、天武天皇が死去するとすぐに、大津皇子が謀反をおこしたとして自害させられている。

これらの政権抗争は、いずれも王位継承にかかわる争いであるが、推古朝の前段階においても、この種の争いはあった。そもそも、推古天皇の即位は、崇峻《すしゅん》天皇の暗殺をうけてのことであり、さらに崇峻天皇の即位前には、王位をうかがった穴穂部《あなほべ》皇子と、その穴穂部皇子を支持した物部守屋《もののべのもりや》が討たれるという事件（丁未《ていび》の役）がおきている。

年表にして掲げると、次のとおりである。

五八七年　六　月　蘇我馬子《うまこ》、炊屋媛《かしきやひめ》（のちの推古天皇）を奉じて穴穂部皇子を討つ。
同　年　七　月　蘇我馬子ら、物部守屋を討つ。
五九二年十一月　蘇我馬子、東漢直駒《やまとのあやのあたいこま》に命じて崇峻天皇を殺害する。
六二八年　九　月　蘇我蝦夷、一族の境部摩理勢を討つ。
六四三年十一月　蘇我入鹿ら、山背大兄王とその一族を滅ぼす。
六四五年　六　月　中大兄皇子・中臣鎌足《なかとみのかまたり》ら、蘇我入鹿を宮中で殺害。蝦夷は自殺する。
同　年　九　月　古人大兄皇子、謀反を企てたことにより討たれる。
六四九年　三　月　蘇我石川麻呂、謀反の疑いにより自殺する。
六五八年十一月　有間皇子、謀反を企てたことにより処刑される。
六七二年　六　月　壬申の乱。大海人皇子《おおあま》（天武天皇）、大友《おおとも》皇子らの近江《おうみ》朝廷を破る。
〜七　月　大友皇子、自殺。
六八六年　十　月　大津皇子、謀反を企てたことにより捕えられ、自害する。

王位継承と政権抗争

この時代の政権抗争が、いずれも王位継承にかかわるものであったことは、この時代の王位が、実質的に政権の中心に位置する地位であったことを示している。六世紀はじめの継体《けいたい》天皇以降（それ以前については王朝交替説もあってはっきりしないが）、一つの王統が続いていることはまちがいない。この時代には、王の一族以外の人物は王位につけないとの考えが、すでに成立していたものと考えられる。しかし、王の一族であれば、誰でも王位を継承しえたかといえば、けっしてそうではなかった。王位継承が前代の王との特定の血縁関係者に限定されたならば、王位継承をめぐる争いはそれだけ限定されるはずである。王位継承上の原則を立てることは、当時の支配者層全体にとって、その地位を安定させるうえで重要な問題であった。そして、『古事記』『日本書紀』（記紀）の皇統譜によると、この時代の天皇（大王）の系譜は、近親婚を繰返している点に著しい特徴がある。この点から、当時の王位継承は、近親婚による所生子が王位を継ぐという特殊な父子直系継承を原則としていたとみることができる。つまり、父はもとより、母も王家の人物であるという出自が、王位継承者にとっての要件とされたのである。

しかし一方では、そのような血統上の原則だけではなく、王位継承者には、王位に堪えるだけの力量が必要であった。支配組織が簡素で未熟な段階においては、支配層の利害は、権力の頂点に立つ人物の力量に負うところが大きい。当時は、血統上の原則にかなっていれば、どのような人物であっても王位につきえた、という段階ではなかったのである。

この二つの要件にもとづく王位継承候補者のせめぎあい、これが、この時代の政治史の基調であったと考えられる。

また、当時の王権は、大王一人に体現されるのではなく、複数の王族によって分掌されることを原則としていた。それは、大王の死による王権の著しい動揺をおさえる方法でもあった。『隋書《ずいしょ》』倭国伝《わこくでん》に、倭王権のあり方を述べるにあたって、倭王のことだけではなく、その妻と「太子」のことを述べているのは、王権の分掌形態を端的に示している。当時の王権は、大王と大后（のちの皇后）、また「太子」が立てられる場合はその「太子」を含めた、三者による分掌形態を理想としていたと考えられる。そして、この王権の分掌形態は、近親婚による所生子（大王と大后との間に生まれた男子）が王位を継承するという、王位継承上の原則とまさしく一体のものとして存在していたと考えられるのである。

本書では、まずはこのような王位継承上の原則（王統の原理）、および王権のあり方について述べ、それをふまえて、飛鳥時代の具体的政治過程、政権抗争について述べていくことにしたい。個々の政権抗争が、右の原理・原則によってよく説明できるとするならば、それは、逆に、そのような原理・原則が、当時実際に存在していたことを証明することにもなるであろう。

王統の原理とその形成

記紀の皇統譜

『古事記』と帝紀

『古事記』は、太安万侶《おおのやすまろ》が元明《げんめい》天皇の命をうけて、和銅《わどう》五年（七一二）に撰上した歴史書である。上・中・下の三巻からなり、上巻は神々の時代、中巻は初代神武《じんむ》天皇から十五代応神《おうじん》天皇まで、下巻は十六代仁徳《にんとく》天皇から三十三代推古《すいこ》天皇までの記事がある。『古事記』の成立過程については、その「序」に次のように述べられている。

壬申《じんしん》の乱後、飛鳥浄御原《あすかきよみがはら》宮に即位した天武《てんむ》天皇は、ある時、「聞くところによると、諸家の承け伝えている帝紀と本辞は、すでに正実に違い、多く虚偽を加えているとのことである。いまそのあやまりを改めないと、幾年も経ないうちに、その本旨は滅びてしまうであろう。これは国家の根本、民の教化の基礎にかかわることである。ゆえに、帝紀・旧辞を検討考究して撰録し、偽りを削り実《まこと》を定めて、後世に伝えたいと思う」と詔《みことのり》した。時に、稗田阿礼《ひえだのあれ》という二十八歳の聡明な舎人《とねり》がおり、一度見ればすぐに口誦《こうしょう》し、聞けばもはや忘れることはなかった。そこで天皇は阿礼に勅語して、帝皇日継と先代旧辞を誦習《しょうしゅう》させた。しかし天武天皇が死去し、時代が変わって、そのことは完成するまでにいたらなかった。その後元明天皇の代になり、天皇は旧辞・先紀のあやまっているのを惜しみ、それを正そうとして、和銅四年九月十八日、太安万侶に「稗田阿礼が誦習している勅語の旧辞を撰録して献上せよ」と詔した。そしてその詔のままに、和銅五年正月二十八日、太安万侶が『古事記』三巻を献上した。

これによれば、『古事記』は天武天皇が稗田阿礼に誦習させた帝紀・旧辞が、その原形になっているということになる。ここには、帝紀と本辞、帝紀と旧辞、帝皇日継と先代旧辞、さらには旧辞と先紀など、さまざまな表記が用いられているが、それは修辞による表現の違いであり、帝紀と帝皇日継と先紀、そして本辞と旧辞と先代旧辞は、それぞれ同一のものを指しているとみてよい。また、ここにいう元明天皇の詔では、旧辞を撰録して献上せよとしか述べていないが、これも表現上、帝紀が省略されたのであり、実際には帝紀の撰録も行われたとみるべきである。

帝紀の内容については、帝皇日継という表現からして、天皇の系譜を中心としたものであったと推測されるが、『古事記』の各天皇ごとの記述をみてみると、いずれにも、天皇の名、宮の所在地、后妃・皇子女の名、天皇の享年、山陵の所在地などが、共通して記されている。帝紀には、ほかにも治世の重大事件、皇位継承にかかわる物語などが含まれていた可能性はあるが、その中心が右のような記述であったことはまちがいないであろう。

帝紀・旧辞の編纂

ところで、『古事記』の「序」の文章からは、天武天皇の生存中に、どの程度、帝紀・旧辞の偽りを削り実を定める（削偽定実）作業が進められたかは不明である。ただ、天武朝において帝紀・旧辞の編纂が行われたことは、『日本書紀』の記事からも知ることができる。すなわち、天武天皇十年（六八一）三月丙戌（十七日）条に、次のような記事が載せられている。

> 天皇、大極殿に御《おわしま》して、川嶋《かわしま》皇子・忍壁《おさかべ》皇子・広瀬《ひろせ》王・竹田《たけだ》王・桑田《くわた》王・三野《みの》王・大《だい》錦下《きんげ》上毛野君《かみつけののきみ》三千《みちぢ》・小錦中《しょうきんちゅう》忌部連《いんべのむらじ》首《おびと》・小錦下《しょうきんげ》阿曇連《あずみのむらじ》稲敷《いなしき》・難波連《なにわのむらじ》大形《おおかた》・大山《だいせん》上《じょう》中臣連《なかとみのむらじ》大嶋《おおしま》・大山《だいせん》下《げ》平群臣《へぐりのおみ》子首《こびと》に詔して、帝紀及び上古の諸事を記し定めしたまふ。大嶋・子首、親《みずか》ら筆を執《と》りて以て録す。

ここにいう帝紀・上古の諸事（旧辞）の記定作業と、『古事記』の「序」にいう帝紀・旧辞の削偽定実作業とが、まったく同一の作業であったか否か、この点ははっきりしない。しかし、右の『日本書紀』の記事からすれば、この時に、帝紀・旧辞の記定作業はいちおう完成したとみるのが自然であろう。

とするならば、『古事記』の「序」にいう阿礼が誦習した帝紀・旧辞というのも、その多くは天武朝に作成されていたとみてよいのではなかろうか。つまり、『古事記』に書かれた天皇の系譜（皇統譜）は、基本的には天武朝段階に成立したものと考えられるのである。もちろん、『古事記』が撰上されたのは和銅五年であるから、そこには、天武朝後の改変、さらには安万侶自身による改変のあった可能性は考えておかなければならない。

『日本書紀』の皇統譜

それでは、『日本書紀』に書かれた天皇の系譜（皇統譜）についてはいかがであろうか。『日本書紀』は、律令国家が中国にならって公式に編纂した歴史書であり、いわゆる六国史の最初のものである。全部で三〇巻からなり、『古事記』と同様、その記述は神々の時代にはじまるが、『古事記』が推古天皇をもって終わるのに対し、その後、持統《じとう》天皇の時代まで記事がある。また、『古事記』には年紀がないが、『日本書紀』は、神代紀を除いて、天皇の代ごとに編年体で記されている。

『日本書紀』には、『古事記』のような「序」は付されておらず、その成立過程について、詳しいことはわからない。ただ完成を示す記事は、六国史の二番目である『続日本紀《しょくにほんぎ》』に次のようにみえている。

養老《ようろう》四年（七二〇）五月癸酉（二十一日）条
是《これ》より先、一品舎人《いっぽんとねり》親王、勅を奉《うけたまは》りて日本紀を修《あ》む。是《ここ》に至り功成《くうな》りて奏上《さしあ》ぐ。紀卅巻系図一巻なり。

ここには「日本紀」とあって「日本書紀」とはないが、ここにいう「紀卅巻」と、今日に伝わる『日本書紀』三十巻とを、別の書物とみるのは不可能であろう。現存の『日本書紀』は、養老四年に完成し、奏上されたものとみてまちがいない。なお、同時に奏上されたという「系図一巻」は、今日に伝えられていないが、もちろん『日本書紀』自体にも、皇統譜についての記事は載せられている。

『日本書紀』の編纂に際しては、さまざまな原資料が用いられたと考えられるが、その第一にあげられるのは、『古事記』の原資料ともなった帝紀・旧辞である。ただし、一口に帝紀・旧辞といっても、それにはいくつかの種類があったのであり、簡単に、両者が同一の帝紀・旧辞を原資料としたということはできない。しかし、『日本書紀』が『古事記』

の記事を直接参照したような形跡は一切ないにもかかわらず、両者の記述には、皇統譜はもとより、神代の物語、各天皇にまつわる伝承・歌物語など、共通する部分が多いのである。このことは、両者が同じ内容の帝紀・旧辞を原資料としたことを示している。

そして、『古事記』の原形となった稗田阿礼《ひえだのあれ》の誦習した帝紀・旧辞は、先に述べたとおり、その多くが天武朝に作られたとみられるのである。また天武天皇十年に川嶋皇子らによって記定された帝紀・旧辞は、それが公的な作業として行われたものであっただけに、当然『日本書紀』の原資料の一つとして利用されたと考えられる。つまり、記紀に共通する記述というのは、天武朝に作成された帝紀・旧辞にもとづく可能性が高いということである。ただ、共通する部分のすべてが天武朝にさかのぼる、といいきることはできない。記紀の皇統譜の共通部分についても、八世紀に入ってからの支配者層の認識の変化により、それぞれに共通した改変が加えられた、という可能性も考えられるからである。

以上、記紀の皇統譜の全体的な史料性について述べてきた。次には、その具体的内容をみていくことにしたい。

神武〜応神天皇の皇統譜

系図1は、記紀の皇統譜の略図であるが、この図に示される限りにおいては、記紀の記述は一致している。つまり、記紀の皇統譜は、細部においての違いはあっ

系図1　記紀の皇統譜（略系図）

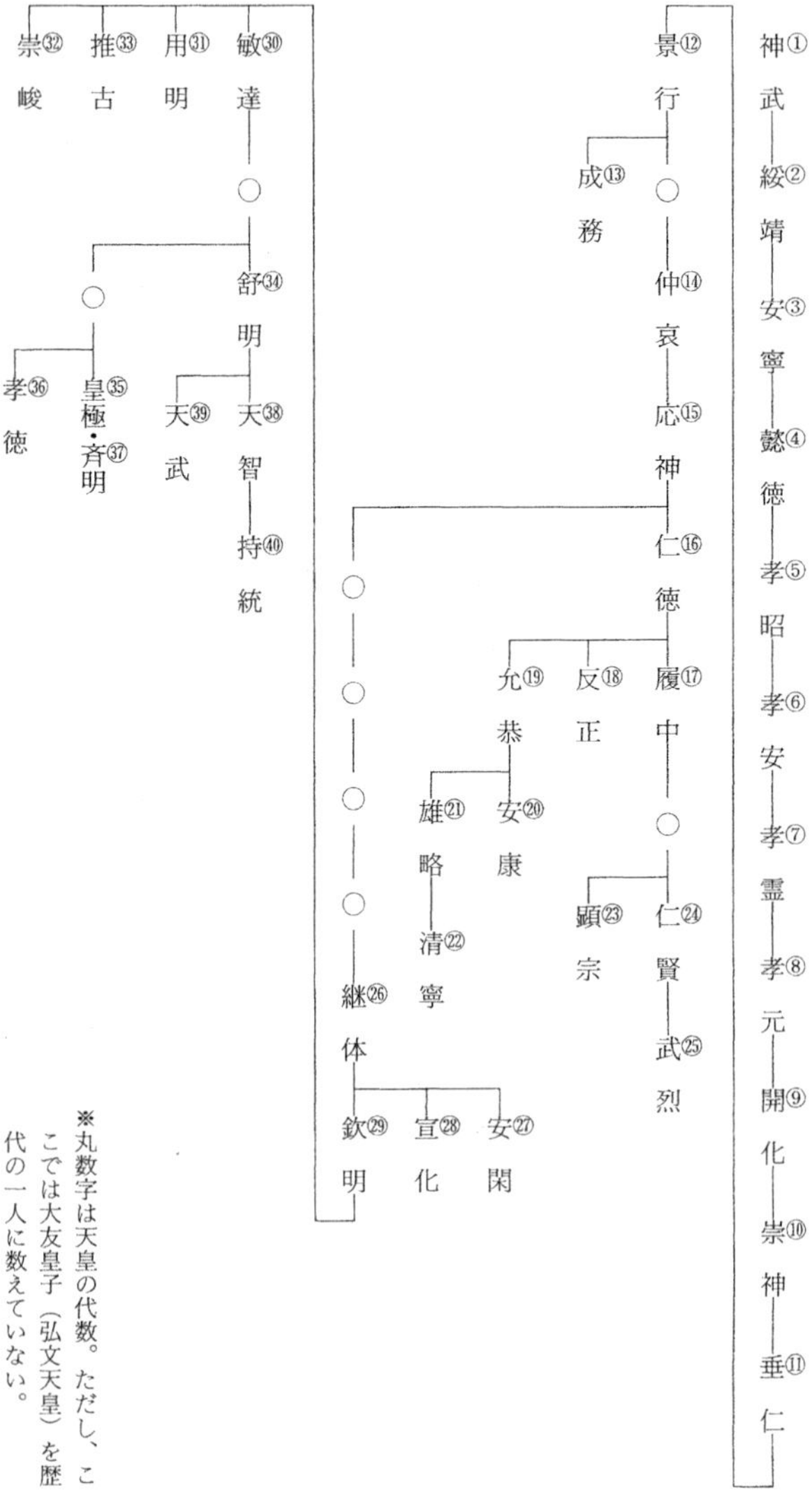

※丸数字は天皇の代数。ただし、ここでは大友皇子（弘文天皇）を歴代の一人に数えていない。

ても、基本的部分については一致しているのである。

まず、初代神武天皇から十五代応神天皇までの系譜に注目しよう。ちょうど『古事記』の中巻にあたる部分である。ここで特徴的なことは、皇位の継承が、十三代成務《せいむ》天皇から十四代仲哀《ちゅうあい》天皇の例を除き、すべて父子直系で継承されているという点である。仁徳天皇以降の系譜には、兄弟継承が多く含まれているのと、まさに対照的といえよう。

もちろん、この時期の天皇は、実在とは考えられない天皇が多いのであり、とくに九代開化《かいか》天皇までは、一般にその実在性が否定されている。また十代崇神《すじん》天皇以降も、多くは実在しなかったと推定されるが、たとえ実在の人物をモデルとした天皇が含まれていたとしても、その系譜が正確に伝えられているとは考えられない。

ここで注意したいのは、そのような作られた系譜であるがゆえに、そこには、記紀編纂当時、さらにさかのぼって共通の原資料となった帝紀編纂当時の、支配者層の認識が反映されている、と考えられることである。すくなくとも、記紀の成立した八世紀はじめの段階においては、皇位は父子直系で継承されるべきである、との認識が存在したのであろう。

また、『日本書紀』によれば、初代神武天皇以外の各天皇は、いずれも前代において皇太子に立てられ、その母は皇后であったと記されている。この記述は『古事記』にはないのであるが、このことから、『日本書紀』の編纂段階では、天皇と皇后との間に生まれた男子が皇太子に立てられたうえで即位する、というのが皇位継承のあるべき姿として考えられていたことも推定できる。

仁徳〜武烈天皇の皇統譜

次に、十六代仁徳天皇から二十五代武烈《ぶれつ》天皇までの系譜であるが、先に述べたように、ここでは兄弟継承が多く伝えられている。この時期の各天皇は、もし実在したとするならば、五世紀代の大王と考えられるが、五世紀の日本（倭《わ》）は、いわゆる倭の五王の時代である。

『宋書《そうじょ》』倭国伝によれば、讃《さん》・珍《ちん》・済《せい》・興《こう》・武《ぶ》の五人の倭王は、系図2のような系譜関係にあったとされる。すなわち『宋書』には、讃が死んで弟の珍が立ったとあり、珍と済との関係は書かれていないが、済が死んで世子（世継ぎの子）の興が立ち、興が死んで弟の武が立ったと書かれている。また『梁書《りょうじょ》』倭伝によれば、五王の系譜は系図3のとおりであり、『宋書』で関係の書かれていない珍（彌《み》）と済とが、『梁書』では父子とされている（『梁書』の賛《さん》は『宋書』の讃、彌は珍と同一の王と考えられる。珍の異体字である珎と、彌の略字である弥とは字形が似ており、伝写の過程で珍が彌にあやまったものと推定される）。

倭の五王が記紀のどの天皇に比定されるか、この問題をめぐっては古くから議論があるが、いまだに未解決の部分を残している。済・興・武が允恭《いんぎょう》・安康《あんこう》・雄略《ゆうりゃく》の各天皇に比定されること、とくに武が雄略天皇（埼玉県稲荷山《いなりやま》古墳出土鉄剣銘、熊本県江田船山《えだふなやま》古墳出土大刀銘にいう獲加多支鹵《わかたける》大王）にあたることにはほぼ異論がないが、讃・珍の比定については定説をみない。しかし、こうした議論が行われるということは、いうまでもないが、この段階の記紀の皇統譜が、ある程度事実を伝えているからこそである。また直系継承をあるべき姿とする記紀編者が、兄弟継承を伝えていること自体、それが事実にもとづく可能性の高いことを示している。

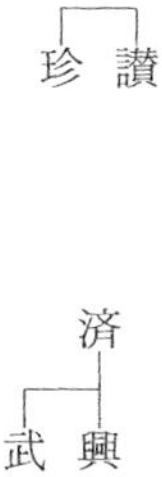

系図2　倭の五王系図（『宋書』）

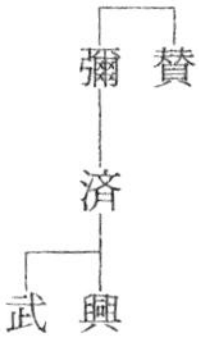

系図3　倭の五王系図（『梁書』）

ただし、『梁書』の系譜も考慮するならば、倭の五王の系譜と、記紀の皇統譜とは、ぴったりとは一致しないのであり、この時期の皇位継承にかかわる記紀の記述も物語的であり、そのまま事実とみることのできないものである。

この段階の皇統譜の史料性については、事実にもとづく伝えもあるが、いまだそれほどには信用できない、といった評価が与えられるであろう。

継体天皇以降の皇統譜

最後に、継体《けいたい》天皇以降の系譜であるが、この部分は、基本的には事実にもとづくとみてよいとするのが、今日の一般的理解である。

継体天皇が応神天皇五世孫とされているのは、皇統譜のうえで異例のことであるが、実際にそうであったかどうかは別として、継体天皇が前代の天皇と近い血縁関係にはなかったことは、事実とみとめられるであろう。もし、父子、兄弟、あるいはオジオイといった近い血縁関係にあったならば、当然、記紀の皇統譜にはそのように記されたと考えられる。記紀編者、また天武朝の帝紀編者にとって、わざわざ皇統が変わったに等しいような、応神天皇五世孫とする必要はなかったはずである。

そして、継体天皇以降の系譜についても、『日本書紀』の記事内容が継体天皇以降は実録的になること、帝紀の原形の作られたのが継体朝後のまもない時期とみられることなどから、その信憑《しんぴょう》性は高いと考えられる。『日本書紀』皇極《こうぎょく》天皇元年（六四二）十二月乙末（十四日）条には、舒明《じょめい》天皇の喪礼において、息長山田公《おきながのやまだのきみ》が日嗣《ひつぎ》を誄《しのびごと》したとあり、持統天皇二年（六八八）十一月乙丑（十一日）条には、天武天皇の殯　宮《もがりのみや》での儀礼の最後に、

直広肆《じきこうし》当麻真人智徳《たぎまのまひとちとこ》、皇祖等《すめみおやたち》の騰極《ひつぎ》の次第《ついで》を誄　奉《しのびごとたてまつ》る。礼《いや》なり。古《いにしえ》には日嗣《ひつぎ》と云《もう》す。畢《おわ》りて大内　陵《おおうちのみささぎ》に葬《はぶ》りまつる。

とある。これらの記事から、皇位継承の次第が殯宮で誄されたことが知られるが、こうした儀礼の整えられたのが、継体朝後のまもないころと推定されるのである。継体天皇の次の安閑《あんかん》・宣化《せんか》天皇のころから、天皇の和風諡号《しごう》（日本風のおくりな）が現われることは、そのことを示すものとみられている（和田萃「殯の基礎的考察」、『日本古代の儀礼と祭祀・信仰』上、塙書房、一九九五年、所収）。

継体天皇以降の皇統譜の特徴としては、兄弟継承が多くみられることに加えて、推古・皇極（斉明《さいめい》）・持統天皇など、女帝の登場することがあげられる。皇位の継承は実に複雑な様相を呈しているが、そこにどのような皇位継承上の原理・原則が存在したかは、節を改めて考えていくことにしよう。ここでは、記紀の継体天皇以降の皇統譜は、基本的には信用できるという点を述べておきたい。

六、七世紀の王統の原理

六、七世紀の王統譜

まず、系図1の略図よりはやや詳しい六、七世紀の皇統譜を掲げておこう。系図4・系図5がそれである。系図4と系図5は重なる部分もあるが、表記の都合上、二つの図にわけて示した。系図4が六世紀、系図5が七世紀を中心とした皇統譜ということになる。両図には天皇の生母とその出自を記してあるが、あくまでこの図も主要部分のみを掲げた略系譜であり、記紀に伝えられる后妃・皇子女は、ほかにも多数存在している。

ところで、これまで本書では、記紀の表記にしたがい「天皇」という表現を用いてきたが、「天皇」号が成立する以前の倭国の君主は、「大王」ないし単に「王」を称していたと

系図4　六世紀の王統譜

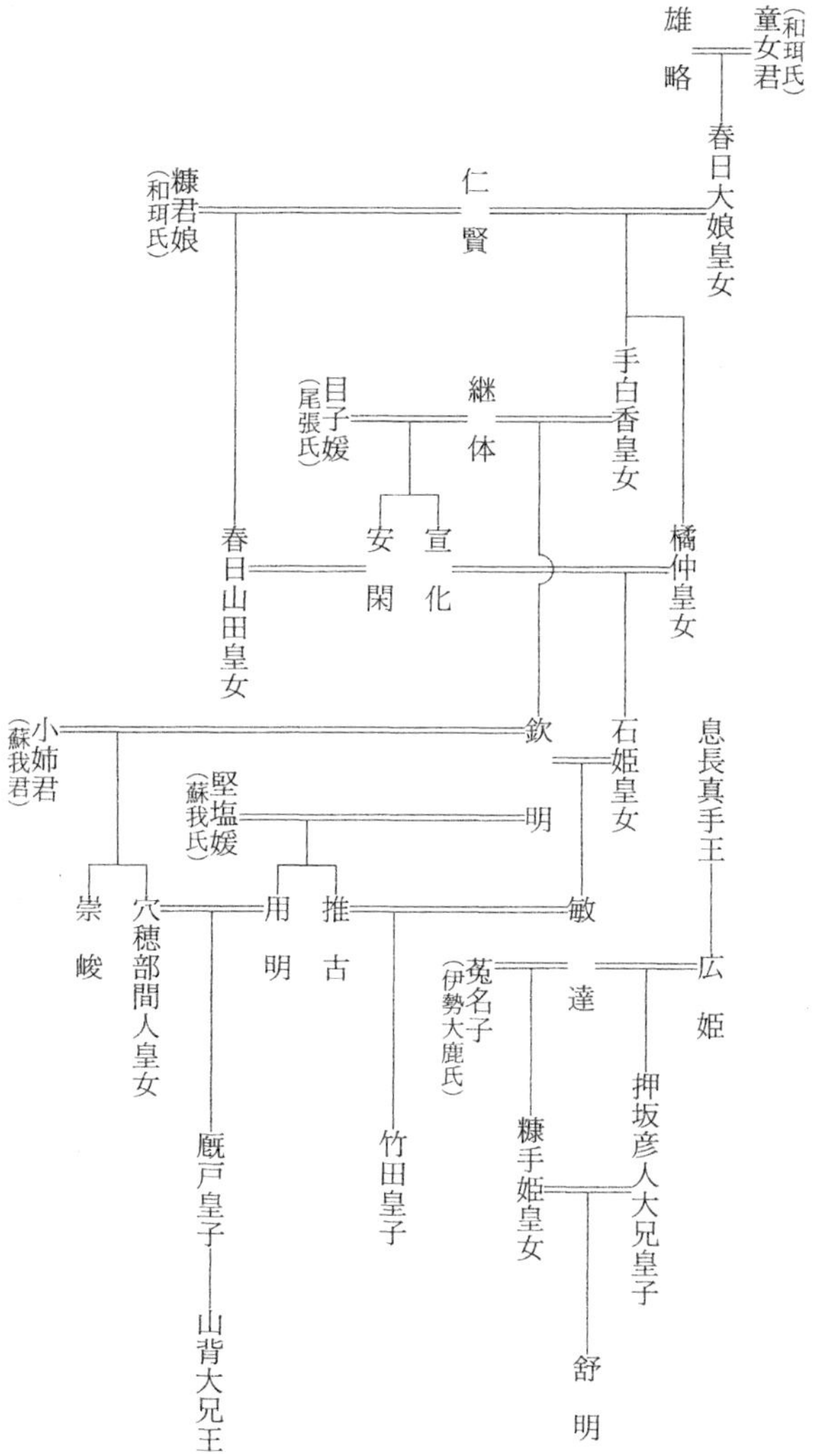

雄略
童女君
（和珥氏）
春日大娘皇女
仁賢
糠君娘
（和珥氏）
手白香皇女
橘仲皇女
継体
目子媛
（尾張氏）
宣化
安閑
春日山田皇女
石姫皇女
欽明
小姉君
（蘇我君）
堅塩媛
（蘇我氏）
息長真手王
敏達
推古
用明
崇峻
穴穂部間人皇女
広姫
菟名子
（伊勢大鹿氏）
押坂彦人大兄皇子
糠手姫皇女
竹田皇子
厩戸皇子
山背大兄王
舒明

系図5　七世紀の王統譜

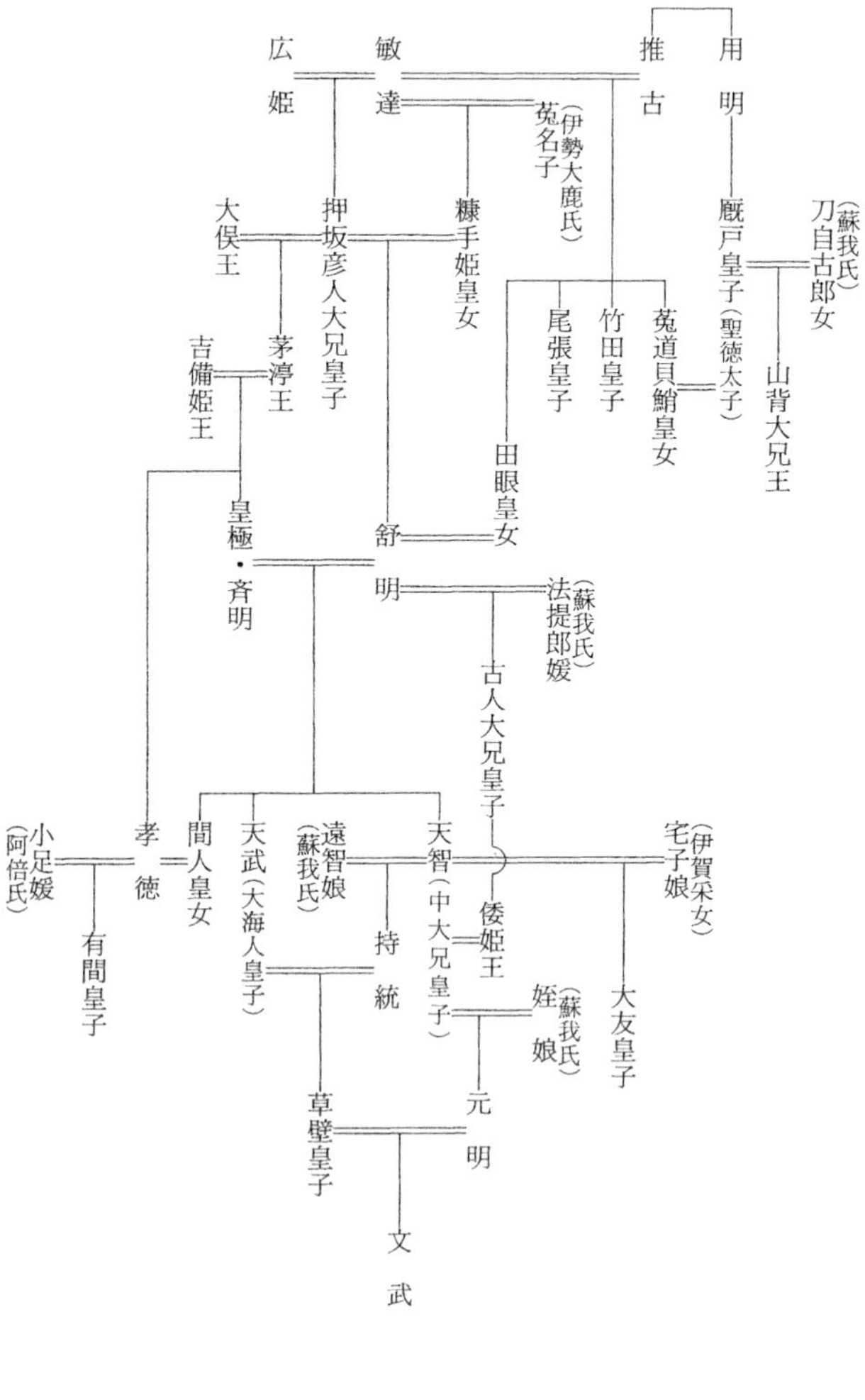
用明
推古
敏達
広姫
菟名子（伊勢大鹿氏）
刀自古郎女（蘇我氏）
厩戸皇子（聖徳太子）
山背大兄王
菟道貝鮹皇女
竹田皇子
尾張皇子
田眼皇女
糠手姫皇女
押坂彦人大兄皇子
大俣王
茅渟王
吉備姫王
舒明
皇極・斉明
法提郎媛（蘇我氏）
古人大兄皇子
宅子娘（伊賀釆女）
天智（中大兄皇子）
遠智娘（蘇我氏）
天武（大海人皇子）
間人皇女
孝徳
小足媛（阿倍氏）
有間皇子
倭姫王
持統
姪娘（蘇我氏）
大友皇子
草壁皇子
元明
文武

考えられる。「天皇」号の成立時期については、かつては七世紀はじめの推古朝とする説が一般的であったが、近年では、七世紀末の天武朝とする説が有力である。天武朝以前にも、「天皇」の呼称が使われた可能性は否定できないが、君主の称号として一般的に、あるいは正式に用いられるようになったのは、天武朝以降とみるのが妥当であろう。したがって、以下、七世紀末以前を対象とする場合は、「大王」「王」の表現を用いることにする。これに対応して、「皇位継承」は「王位継承」、「皇統譜」は「王統譜」、「皇子」「皇女」は「王子」「王女」と表現することになる。

ただし、個人名については、『日本書紀』の表現にしたがい、「某皇子」「某皇女」の呼称をそのまま用いることにしたい。たとえば「中大兄皇子」など、一般に定着している呼称を、「中大兄王子」と表記することは、かえって混乱を生ずるおそれがあるからである。また、天皇（大王）の個人名については、これまで、神武・応神・雄略・継体といった漢字二字で表現される漢風諡号（中国風のおくりな）を用いてきた。しかしこの呼称は、本来『古事記』『日本書紀』にもなかったものであり、八世紀のなかばすぎに、まとめてつけられたものと考えられている（坂本太郎「列聖漢風諡号の撰進について」、『坂本太郎著作集第7巻、律令制度』吉川弘文館、一九八九年、所収）。

したがって、表現を統一しようとするならば、天皇の個人名も、『日本書紀』にしたがわなければならないのであるが、『日本書紀』に伝える各天皇の名は、一つの性格に統一されていないし、いくつかの名を伝える天皇も多い。やはりこの場合も、混乱をさけ、一般に定着している漢風諡号を用いていくことにしたい。

王位継承の原則

さて、系図4・系図5の王統譜にもどろう。これによれば、六、七世紀の王位継承は、父から子、兄から弟という例にとどまらず、さまざまな場合のあったことが知られる。とくに女帝の登場は、王位継承の次第をいっそう複雑なものにしている。

はたして、このような複雑な継承において、その原理・原則と呼べるようなものは存在したのであろうか。一見すると、王の血縁に属する人物であれば、誰でも王位につきえた、というような見方もできるかもしれない。しかし実際には、王位は、それほど広範囲の王族に拡散しているのではなく、系図4・系図5に図示しうる範囲におさまっているのである。そこには、なんらかの原理・原則が存在したとみるべきであろう。

王位継承の原則をめぐるこれまでの議論は、主として、父子直系継承であるか兄弟継承であるかをめぐって争われてきた。この問題は、「皇太子制」（「大兄《おおえ》制」）、「大后《おおきさき》制」といった当時の王権の構造にかかわる制度と、切り離して論ずることはできない。ただ、たしかに、父子か兄弟かというような、血縁関係上の原則は、それとは別に（それと並行して）存在していたと考えられる。ここでは、その血縁関係上の原則を問題にしたい。

父子直系継承が原則であったとした場合、兄弟継承やそのほかの継承は、いずれも原則どおりにいかない事情があった例ということになる。また、兄弟継承を原則とした場合も（そこに父子継承が含まれるのは、世代交替の際に当然であるとして）、女帝の即位などは、原則にはずれた例となる。どちらにしても、多くの原則外の継承をみとめなければならないのである。これに対して、近年、女帝の存在に留意し、「世代内継承」とでもいうべき原則が存在していたとする説が提唱されている。王位は、女子も含めた同一世代内の王族間での継承がまず重視され、その世代に王位につくべき人物がいなくなった段階で、次の世代に移る、という説である。この説によれば、原則にはずれた継承は、ほとんど例がないことになる。

しかし、同一世代の王族は、それぞれの世代ごとに多数存在したはずであり、もしこれが原則であったならば、王位はもっと広い範囲の王族に継承されていてよさそうなものである。また、たとえ王位継承の際に世代が重視されたとしても、それは、血縁関係上の原則といえるようなものではないであろう。

原則にはずれた継承については、それぞれの立場から個々に説明されるべきであろうが、ある大王に男子がなかった場合、父子直系継承を原則としていたとしても、もちろんそうはならないし、男子があっても一人であった場合は、兄弟継承を原則としていたとしても、やはりそうはならないのである。また、当時の大王は、いずれも成人であったとされるが、これは、王権の発達段階からして、大王には執政者としての力量が要求されたためと考えられる。大王は不執政（不親政）であったとする説もあるが、その場合も、大王たるべき人格・力量は必要とされたであろう。そしてこの時期、譲位は皇極天皇・持統天皇の女帝を除いてほかに行われていないのであり、大王は終身が原則であったことも明らかである。このような、血縁関係以外の大王の条件により、王位継承が原則どおりにいかなかった場合も考えられるのである。原則にはずれた継承が多いからといって、原則が存在しなかった、ということにはならないであろう。

一夫多妻と近親婚

そこで改めて、系図4・系図5をみてみると、特徴的なのは、大王の一夫多妻と近親婚である。図に示したほかにも大王に多くの妻がいたことは、先に述べた。またここには、敏達《びだつ》天皇と推古天皇、用明《ようめい》天皇と穴穂部間人皇《あなほべのはしひと》女、押坂彦人大兄皇子と糠手姫皇女などの異母兄妹婚、欽明天皇と石姫皇女、舒明天皇と皇極・斉明天皇、天智《てんじ》天皇と倭姫王《やまとひめのおおきみ》、天武天皇と持統天皇などのオジメイ婚が多くみられるのである。

当時の王位継承の原則を、右の一夫多妻と近親婚が結びついた特殊な父子直系継承にあった、とされたのは河内祥輔氏である（河内祥輔『古代政治史における天皇制の論理』吉川弘文館、一九八六年）。すなわち、当時の王統は、大王（天皇）と前大王の女《むすめ》（皇女）との間に生まれた男子が次の大王（天皇）になるという、系図6のように抽象化される直系継承を原則としていたとされたのである。

河内氏が、とくに注目されたのは、大王には、王位を子孫に伝えている大王と、一代限りの大王の二種類があるという点である。継体・欽明・敏達天皇などは前者、安閑・宣化・用明・崇峻《すしゅん》天皇などは後者であるが、後者の大王が尾張《おわり》氏・蘇我《そが》氏など、氏（ウジ）出身の女性を母とするのに対し、前者の大王は、いずれも大王の女を母としているのである。個々の王位継承ではなく、王統の原理を問題としたすぐれた見解というべきであろう。王統は、大王の女を母とする大王、すなわち近親婚による所生子によって担われていたと考えられるのである。

系図6　王統の原理

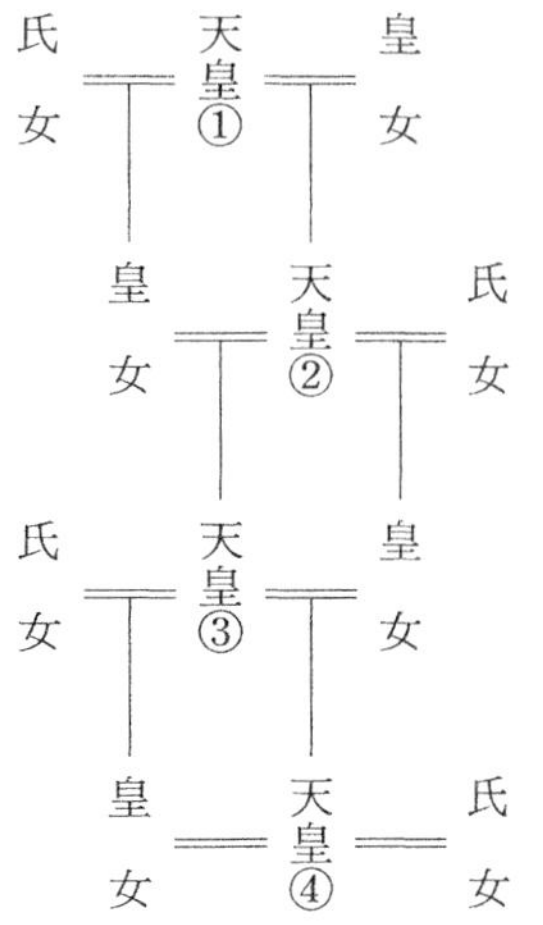

系図7　飽田女と麁寸の近親婚

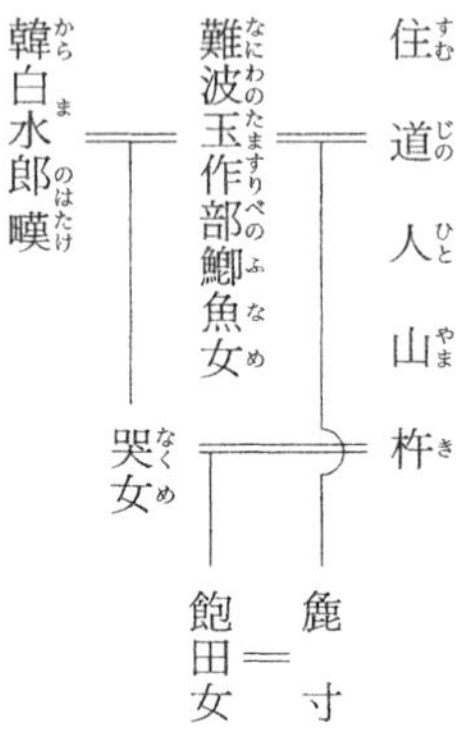

河内氏は、右の原則を「六世紀型の皇統形成原理」と名づけられ、それは、皇位が藤原氏の女性を母とする男子によって直系継承されるという、「八世紀型の皇統形成原理」が現われる八世紀はじめごろまで存在したとされている。

王家のみの近親婚

近親婚は、一般にどの社会においてもタブーとされるのであるが、王家にのみそれが行われるという現象は、世界史的にみてめずらしくないことが指摘されている（大林太良「古代の婚姻」、『古代の日本』二、角川書店、一九七一年）。日本古代においても、おそらくそうであったと考えられる。

『日本書紀』仁賢《にんけん》天皇六年是秋条には、飽田《あくた》女《め》と麁寸《あらき》の特殊な近親婚（系図7）の話を伝えているが、これは意識された近親婚ではなく、またこうした話が『日本書紀』にとくに載せられていること自体、近親婚が一般には行われていなかったことを示している。八世紀に入ると、貴族層にも父系近親婚が現われるが、それは多くが四親等（イトコ）間の婚姻であり、六、七世紀の王統譜にみられる二親等・三親等間の婚姻はほとんど行われていない（西野悠紀子「律令制下の氏族と近親婚」、『日本女性史』一、東京大学出版会、一九八二年）。

一方、王家における近親婚の典型は、一般的には兄妹婚であるが、日本の場合、王家においても同母の兄妹婚はタブーとされていたようである。允恭《いんぎょう》天皇の皇子の木梨軽《きなしのかる》皇子と、同母妹の軽大娘《かるのおおいらつめ》皇女との婚姻を悪とする話が、『古事記』にも『日本書紀』にも載せられている。とするならば日本の場合、異母兄妹婚が近親婚の最も典型的な形、いいかえれば最も著しい形ということになるであろう。

そして、そもそも王家にのみ近親婚が行われるということは、それを繰り返すことによって、ほかの血統とは区別される特殊な王統を形成し、維持していくためと考えられるのであるから、異母兄妹婚のみられる六、七世紀の王統が、河内氏のいわれる系図6を理念としてもっていたのは、まさに当然のことと考えられるのである。

六、七世紀において、大王は多くの妻をもち、その中に前大王の女を含むべきである、との認識が存在したことは、令《りょう》の規定からも推定することができる。

令の規定

『養老令《ようろうりょう》』後宮職員令《こうきゅうしきいんりょう》には、天皇の妻について、次のように規定されている。

妃《ひ》二員

　右は四品《しほん》以上

夫人《ぶにん》三員

　右は三位以上

嬪《ひん》四員

　右は五位以上

皇后は、天皇と同じく、令にその地位や行動を規定・制約する条文がないのであり、これは、その皇后を除いた天皇の妻についての規定である。この中で、最も高い地位とされる妃が、四品以上とされている点に注意したい。品位《ほんい》は一品から四品までであるが、一般の位階とは別に、とくに親王《しんのう》（天皇の子女、および兄弟姉妹。女性の場合、内親王《ないしんのう》とも称した）に対して与えられたものである。つまり、天皇の妃は、先の天皇の女でなければならない、というのが『養老令』の規定である。『養老令』は養老二年（七一八）に『大宝令《たいほうりょう》』

を改修して制定されたものであるが（施行されたのは天平宝字《てんぴょうほうじ》元年〈七五七〉）、この規定は、『大宝令』（大宝元年〈七〇一〉制定）にも存在していたことが、『令集解《りょうのしゅうげ》』に引用されている『古記《こき》』（『大宝令』の注釈書）の文章から明らかである。

妃が先の天皇の女でなければならないとすれば、令に規定はなくとも、当然皇后も、そうあるべきであると考えられていたのであろう。天平元年（七二九）、聖武《しょうむ》天皇は夫人の光明子《こうみょうし》を皇后に立てたが、その時の詔でくどくどとその理由を述べているのは（『続日本紀』天平元年八月壬午〈二十四日〉条）、光明子が藤原不比等《ふじわらのふひと》の女であり、天皇家の女性ではなかったからである。天平元年当時においてなお、皇后は皇女であるべきとの認識が存在していたことが推定されるであろう。

このような認識は、もちろん『大宝令』制定段階ではじめて成立したのではなく、六、七世紀においてすでに存在していたものと考えられる。

天皇の生母

ところが、記紀の天皇の生母をみると（表1、表2参照）、記紀編者の手が最も多く加えられているとみられる応神天皇以前、いいかえれば、記紀編纂当時の皇位継承の原則が反映されているとみられる部分において、皇女を母とする天皇は、仲哀天皇一人だけなのである。ほかはいずれも、そうなってはいないのであり、開化天皇以前は、県主《あがたぬし》の女を母とする例が多い。また、孝昭《こうしょう》・孝霊《こうれい》・垂仁《すいにん》・景行《けいこう》・成務《せいむ》・応神の各天皇は、天皇家の女性を母としたとあるが（孝昭天皇は『日本書紀』本文においてのみ）、孝昭・孝霊天皇がオジメイ婚による所生子であるほかは、近親婚による所生子とはいえない天皇である。六世紀に特徴的であった異母兄妹婚によって生まれたとされる天皇は、一人もみえないのであり、そもそも異母兄妹婚そのものが伝えられていないのである。

このことは、どのように考えたらよいのであろうか。八世紀はじめに、皇后は皇女であるべきとの認識が存在したのであれば、記紀の応神天皇以前の皇統譜に、それが反映していてよさそうなものである。

ただ、ここで注意されることは、『古事記』が撰上された時の天皇は元明女帝、『日本書紀』の時は元正《げんしょう》女帝であり、いずれも聖武天皇への中継ぎ的性格をもっていたと考えられる天皇であったことである。当時、皇位は、文武《もんむ》天皇と藤原不比等の女の宮子との間に生まれた聖武天皇、すなわち皇女を母としない天皇に伝えられようとしていたのである。聖武天皇（首《おびと》皇子）は、『古事記』撰上の二年後、『日本書紀』撰上の六年前の、和銅七年（七一四）に皇太子に立てられている。

このことが、記紀において、応神天皇以前の天皇の生母が、皇女とされていない理由の

表1　応神天皇以前の天皇の生母とその出自（『古事記』）

	天皇名	生母名	出自
1	神武	玉依毗売命	海神の女
2	綏靖	比売多多良伊須気余理比売	大物主神の女
3	安寧	河俣毗売	師木県主の祖
4	懿徳	阿久斗比売	師木県主波延の女
5	孝昭	賦登麻和訶比売命（飯日比売命）	師木県主の祖
6	孝安	余曾多本毗売命	尾張連の祖の奥津余曾の妹
7	孝霊	忍鹿比売命	孝昭天皇の孫
8	孝元	細比売命	十市県主の祖の大目の女
9	開化	内色許売命	穂積臣の祖の内色許男命の妹
10	崇神	伊迦賀色許売命	内色許男命の女
11	垂仁	御真津比売命	孝元天皇の孫
12	景行	氷羽州比売命	開化天皇の曾孫
13	成務	八坂之入日売命	崇神天皇の孫
14	仲哀	布多遅能伊理毗売命	垂仁天皇の女
15	応神	息長帯比売命	開化天皇の五世孫

表2　応神天皇以前の天皇の生母とその出自（『日本書紀』）

	天皇名	生母名	出自
1	神武	玉依姫	海神の女
2	綏靖	姫蹈鞴五十鈴媛命	事代主神の女
3	安寧	五十鈴依媛	事代主神の女
		(一書)川派媛	磯城県主の女
		(一書)糸織媛	春日県主大日諸の女
4	懿徳	渟名底仲媛命	事代主神の孫
		(一書)川津媛	磯城県主葉江の女
		(一書)糸井媛	大間宿禰の女
5	孝昭	天豊津媛命	安寧天皇の孫
		(一書)泉媛	磯城県主葉江の弟の猪手の女
		(一書)飯日媛	磯城県主太真稚彦の女
6	孝安	世襲足媛	尾張連の遠祖の瀛津世襲の妹
		(一書)渟名城津媛	磯城県主葉江の女
		(一書)大井媛	豊秋狭太媛の女
7	孝霊	押媛	孝昭天皇の孫
		(一書)長媛	磯城県主葉江の女
		(一書)五十坂媛	十市県主五十坂彦の女

8	孝元	細媛	磯城県主大目の女
		（一書）春日千乳早山香媛	（春日県主の女か）
		（一書）真舌媛	十市県主の祖の女
9	開化	欝色謎命	穂積臣の遠祖の欝色雄命の妹
10	崇神	伊香色謎命	物部氏の遠祖の大綜麻杵の女
11	垂仁	御間城姫	孝元天皇の孫
12	景行	日葉酢媛	開化天皇の曾孫
13	成務	八坂入媛	崇神天皇の孫
14	仲哀	両道入姫命	垂仁天皇の女
15	応神	気長足姫尊	開化天皇の曾孫

一つではないだろうか。記紀編者にとって、『大宝令』制定段階の皇位継承の理想像（六、七世紀の王統の原理）に、そのまましたがった皇統譜を作ることは、必ずしも望ましいものではなかったと推定されるのである。

記紀の応神天皇以前の皇統譜によって、これまで述べてきた六、七世紀の王統の原理が否定される、というようなことはないであろう。

王統の形成

それでは、こうした原理をもった王統は、いつごろから形成されたのであろうか。再び系図4に注目したい。

まず、継体・安閑・宣化の各天皇は、いずれも仁賢《にんけん》天皇の女を妻（『日本書紀』には皇后）としたとあるが、仁賢天皇についてはその実在を疑問視する説もあり、この系譜を全面的に信用するわけにはいかない。ただ、前大王と直接血縁関係のなかった継体天皇、安閑・宣化天皇父子にとって、王位を継承するためには、先の大王の女を妻とすることが必要とされた、あるいはそうすることが王位を継承するうえで有利であった、ということは十分に考えられる。継体・安閑・宣化の各天皇が、先の大王の近親者を妻としたことは事実とみてよいであろう。

しかし、これらの婚姻は、継体天皇が応神天皇五世孫であるのが事実であったとしても、けっして近親婚といえる婚姻ではない。近親婚は、欽明天皇にはじまるといえるのである。欽明天皇の妻（皇后）は異母兄である宣化天皇の女の石姫《いしひめ》皇女であるから、この婚姻はオジメイ婚であり、明らかに近親婚である。『日本書紀』には石姫皇女のほかにも宣化天皇の女である稚綾姫《わかやひめ》皇女・日影《ひかげ》皇女を妻としたとあり、『古事記』には石比売命《いしひめのみこと》（石姫皇女）のほかにやはり宣化天皇の女の小石比売命《おいしひめのみこと》を妻としたとあって、所伝に若干の違いがみられるが、石姫皇女を妻とし、その間に敏達天皇が生まれたとする点は一致している。そして、次の敏達天皇は、異母妹にあたる推古天皇を妻（皇后）としたのであり、以後、王家における異母兄妹婚を典型とする近親婚が繰り返されていったのである。

欽明天皇自身は、近親婚による所生子ではないが、その母が先の大王の女という点で、安閑・宣化天皇やそのほかの兄弟とは区別される血統にあった。欽明天皇は、次の王位も自身と同様、大王の女を母とする男子に伝えるため、近親婚を導入したとみられるのである。ここに、特殊な血統としての王統の形成が意図されたと考えられる。その後実際に、近親婚によって生まれた敏達天皇が即位し、その敏達天皇もまた、先の大王の女を妻（皇后）とするという近親婚を行ったのである。こうしたなかで、その特殊な血統を王統の原則とする理念が形成されていったのであろう。

五世紀代の近親婚

なお、このように考えた場合、記紀の皇統譜に伝えられる五世紀代の近親婚をいかに説明するかという問題が生ずるであろう。先に述べたとおり、この部分の皇統譜は、事実にもとづく伝えもあると考えられるからである。しかし、そこにみられる近親婚は、いずれも事実とみることのできないものである。

記紀の皇統譜は、本来いくつかに分かれていた王統譜を、一つの血統に結びつけるという作為を行っているとみられるが、五世紀代の近親婚の一つのタイプは、そのために作られたと考えられる婚姻関係である。川口勝康氏は、それをナカツヒメ婚と名づけられた

（川口勝康「五世紀の大王と王統譜を探る」、『巨大古墳と倭の五王』青木書店、一九八一年）。

このタイプの婚姻例としては、応神天皇と景行天皇の子の五百城入彦《いおきいりひこ》皇子の孫とされる仲姫《なかつひめ》との婚姻(1)、允恭天皇と応神天皇の子の若野毛二派《わかのけふたまた》皇子の女とされる忍坂大中姫《おしさかのおおなかつひめの》命《みこと》との婚姻(2)、仁賢天皇と雄略天皇の女とされる春日大娘《かすがのおおいらつめ》皇女との婚姻(3)、の三例があげられる。(1)は、それによって仁徳天皇が生まれたとされるのであり、応神天皇系の系譜と、景行天皇—五百城入彦皇子系の系譜を結びつけるための婚姻、(2)は、それによって雄略天皇が生まれたとされ、允恭天皇と応神天皇—若野毛二派皇子系（この系譜は応神天皇五世孫とされる継体天皇につながる系譜である）を結びつけるための婚姻、(3)は、それによって武烈天皇が生まれたとされ、履中《りちゆう》天皇系（仁賢天皇）と允恭天皇系（雄略天皇）を結びつけるための婚姻、と考えられるであろう。また、これらの例は、たとえそれが事実の伝えであったとしても、(1)は六親等、(2)は四親等、(3)は六親等間の婚姻であり、欽明天皇以降の近親婚とは明らかに区別される。

いま一つのタイプは、仁徳天皇と応神天皇の女とされる八田《やた》皇女との婚姻、履中天皇と幡梭《はたび》皇女（『古事記』にはみえない）との婚姻、安康天皇と履中天皇の女とされる中磯《なかし》皇女（『古事記』には長田大郎女）との婚姻、雄略天皇と仁徳天皇の女とされる草香幡梭《くさかのはたび》皇女（履中天皇の妻とされる幡梭皇女とは別人か、あるいは同一人物とするならば、所伝になんらかのあやまりがあると考えられる）との婚姻、顕宗《けんぞう》天皇と允恭天皇の曾孫とされる難波小野王《なにわのおののおおきみ》（『古事記』には難波王《なにわのおおきみ》）との婚姻、などの例である。

これらの例は、履中天皇と幡梭皇女との間に中磯皇女が生まれたとあるほかは、いずれもその間には子はなかったとされており、皇統の形成とは無関係な、皇統譜の中では付加的な意味しかもたないものである。また、記紀の間で所伝を異にする例が多いことや、所伝に混乱のみられる例もあることから、このタイプの近親婚は、記紀編纂の最終段階で付加された可能性が高いと考えられる。さらに、顕宗天皇と難波小野王の例（この例は第一のタイプとみるべきかもしれない）を除き、いずれも皇女との婚姻であり、しかもそれらの皇女は、『日本書紀』にすべて皇后とあることからすると、皇后は皇女であるべきとの認識にもとづいて作られた婚姻、とみてまちがいないであろう。

事実としての近親婚は、やはり欽明天皇にはじまるとみられるのであり、その後、一夫多妻と近親婚を特徴とする特殊な父子直系継承を理念とした王統が形成されていった、と考えられるのである。

皇統の原理と「不改常典」

「不改常典」をめぐる議論

「不改常典《ふかいじようてん》」とは、元明《げんめい》天皇の即位の宣命《せんみよう》（和文体の詔《みことのり》）にはじめて登場するところの、天智天皇の「天地《あめつち》と共に長く日月《ひつき》と共に遠く改《かわ》るましじき常《つね》の典《のり》と立て賜ひ敷き賜へる法《のり》」のことをいう。この「不改常典」は、元明天皇の即位詔に二ヵ所みえるほか、聖武《しようむ》天皇の即位詔と譲位詔にみえ、また桓武《かんむ》天皇以降の即位詔には、不改常典（改るましじき常の典）という語はないが、天智天皇の「初め賜ひ定め賜へる法」が、定型化した形でみえている。

「不改常典」の内容については、直系ないし嫡系の皇位継承法を定めたものとするのが、最も一般的な見方といってよいであろうが、それを疑問とする説も多く、共通した理解が得られているわけではない。これまでの諸説は、大きくは、皇位継承にかかわる法とする説と、それ以外のものとする説の二つにわけられるであろう。

前者の説には、直系（嫡系）皇位継承法説をはじめ、皇位継承の決定を天皇大権として定めたものとする説、天皇の譲位による継承を定めたとする説、皇太子に立てられたうえでの継承を定めたとする説などがあり、さらにそれらは、天智天皇が実際に定めたとする説と、天智天皇に仮託されたとする説とにわかれる。後者の説には、近江令《おうみりよう》とする説、天皇のあり方そのものを指すとする説、君臣の義を定めた皇統君臨の大原則とする説などがある。

また、「不改常典」を一つの内容のものとみない説や、その内容は時に応じて変化するとする説もあり、議論は複雑である。この「不改常典」が、これまで述べてきた六、七世紀の王統の原理とどのようにかかわるのか、ここでは、この点について考えていくことにしたい。

元明天皇即位詔の「不改常典」

まず、元明天皇の即位詔にみえる「不改常典」についてみてみたい。やや長くなるが、『続日本紀』慶雲《けいうん》四年（七〇七）七月壬子（十七日）条に記されるその宣命を引用しておこう。

現神《あきつみかみ》と八洲御宇《おおやしまぐにしらしめす》倭根《やまとね》子天皇《こすめら》が詔旨《おおみことらま》と勅《の》りたまふ命《おおみこと》を、親王《みこたち》・諸王《おおきみたち》・諸臣《おみたち》・百官人等《もものつかさのひとども》、天下公民《あめのしたのおおみたから》、衆《もろもろ》聞きたまへと宣《の》る。関《かけま》くも威《かしこ》き藤原宮《ふじわらのみや》に御宇《あめのしたしらしめ》し倭根《やまとね》子天皇《こすめらみこと》（持統天皇）、丁酉《ひのととり》の八月《はづき》に、此《こ》の食国天下《おすくにあめのした》の業《わざ》を、日並所知皇太子《ひなみしのみこのみこと》（草壁《くさかべ》皇子）の嫡子《むかいめばらのみこ》、今御宇しつる天皇（文武天皇）に授《さず》け賜ひて、並び坐《いま》して此の天下を治め賜ひ諧《ととの》へ賜ひき。是《こ》は（イ）関くも威き近江大津宮《おうみのおおつのみや》に御宇しし大倭根子天皇（天智天皇）の、天地と共に長く日月と共に遠く改るましじき常の典と立て賜ひ敷き賜へる法を、受け賜り坐して行ひ賜ふ事と衆受け賜りて、恐《かしこ》み仕《つか》へ奉《まつ》りつらくと詔《の》りたまふ命を衆聞きたまへと宣る。（中略）故《かれ》、是を以て、親王を始めて王臣・百官人等の、浄《きよ》き明《あか》き心を以て弥務《いやつと》めに弥結《いやしま》りに阿奈《あな》々《な》ひ奉り輔佐《たす》け奉らむ事に依りてし、此の食国天下の政事《まつりごと》は、平《たいら》けく長く在らむとなも念《おもお》し坐す。また、（ロ）天地と共に長く遠く改るましじき常の典と立て賜へる食国の法も、傾く事無く動く事無く渡り去《ゆ》かむとなも念し行《め》さくと詔りたまふ命を衆聞きたまへと宣る。（後略）

「不改常典」は、傍線をほどこした二ヵ所にみえているが、（イ）は、それにもとづいて、持統天皇が草壁皇子の嫡子である文武天皇に譲位し、天下を共治したというものである。したがって、これだけを取り出して考えるならば、「不改常典」の内容は、皇位の嫡系継承（ないしはそれを含むところの直系継承）を定めたものとも、あるいは譲位や、それによる太上天皇と新天皇との共治を定めたものとも、さらにはそれらのすべてを定めたものとも、いずれにも解釈できるであろう。

しかし、もし「不改常典」が譲位や共治を内容としたものであったならば、元明天皇自身の即位（文武天皇は亡くなる前に元明天皇への譲位の意志を伝えていたという）や、元明天皇から元正天皇への譲位、さらに孝謙《こうけん》天皇から淳仁《じゅんにん》天皇への譲位に際しても、それが用いられていて当然であろう。また、淳仁天皇から称徳《しょうとく》天皇（孝謙天皇の重祚《ちょうそ》）への継承や、称徳天皇から光仁《こうにん》天皇への継承の場合も、「不改常典」にもとづく旨は述べられていないのである。つまり、直系ではない継承の場合は、その論拠として「不改常典」が用いられていない点が注意されるであろう。この点からすると、「不改常典」の内容は、皇位の直系継承を定めたものとみるのが妥当ということになる。そしてその直系は、具体的には草壁皇子の直系、すなわち、天武天皇—草壁皇子—文武天皇—聖武天皇と続く直系を指していることが明らかである（系図8参照）。

次に(ロ)の「不改常典」であるが、これが(イ)（および聖武天皇即位詔・譲位詔にみえる「不改常典」）と同一であるか否かは、意見のわかれるところである。(ロ)には天智天皇が定め

系図8　八世紀の皇統譜

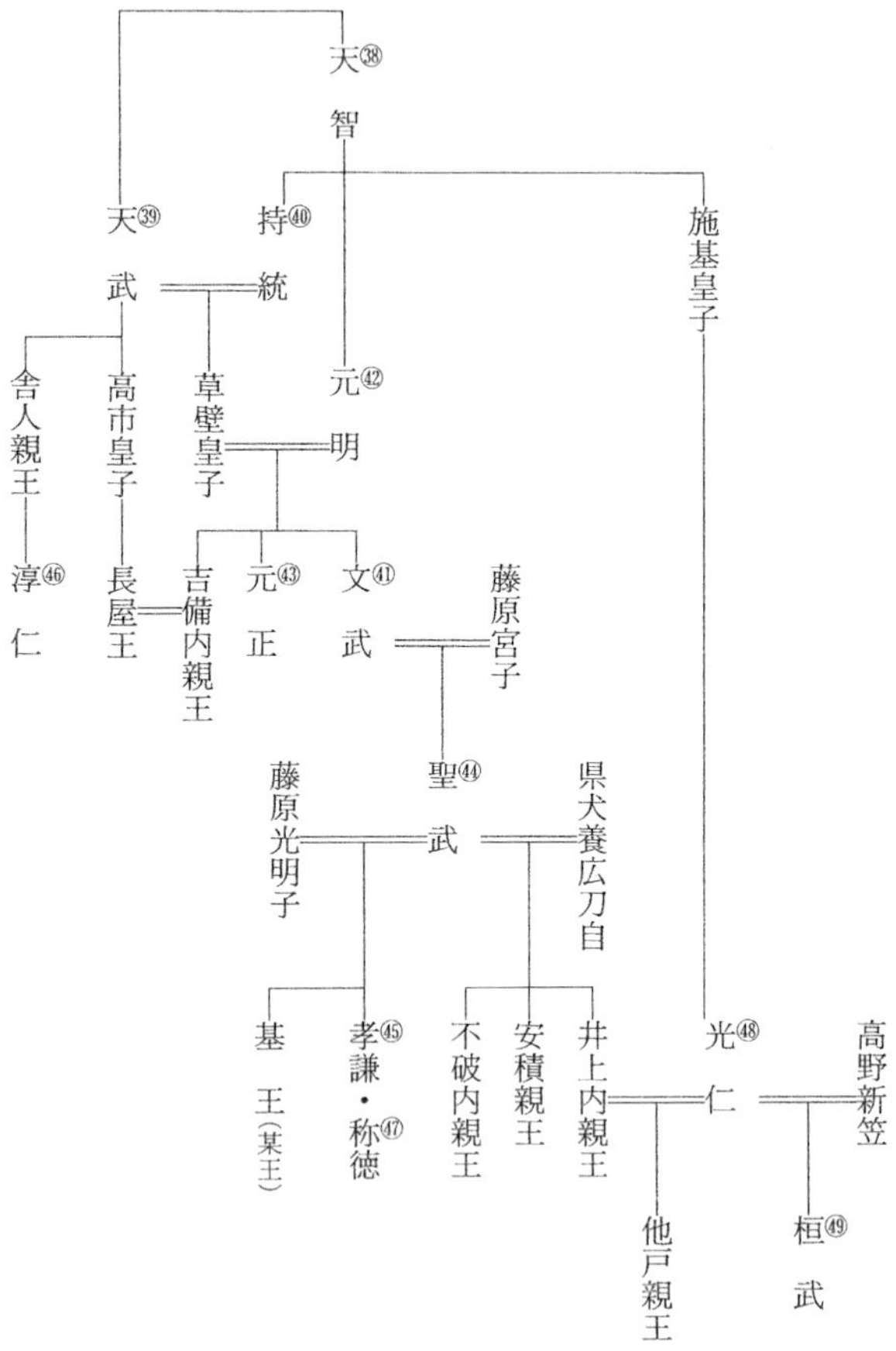

※丸数字は天皇の代数。ただし、ここでは大友皇子（弘文天皇）を歴代の一人に数えていない。

たという句はみえないし、単に「法」ではなく「食国の法」とあるところにも、(イ)（およびほかの「不改常典」）との違いがみとめられる。両者が異なるものであったとするならば、(ロ)は「食国の法」とあるとおり国家統治の基本法、(イ)（およびほかの「不改常典」）は、直系の皇位継承法と解してなんら問題はない。

しかし、同じ詔の中でほとんど同様に形容される両者を、異なるものとみるのはいかにも不自然であり、両者は、同一の「法」を指すとするのが妥当であろう。ただ、そうであったとしても、(ロ)に「食国の法」とあるのを理由に、「不改常典」は皇位継承法ではなく、国家統治の基本法であると解する必要はないであろう。「食国の法」という表現の中に、皇位継承法も含まれることは、十分に考えられるからである。

聖武天皇即位詔の「不改常典」

次に、聖武天皇の即位詔にみえる「不改常典」をみてみよう。それは、『続日本紀』神亀《じんき》元年（七二四）二月甲午（四日）条に、次のように記されている。

現神と大八洲知らしめす倭根子天皇が詔旨らまと勅りたまふ大命《おおみこと》を親王・諸王・諸臣・百官人等、天下公民、衆聞きたまへと宣る。高天原《たかまのはら》に神留《かんづま》り坐《ま》す皇親《すめらがむつ》神魯岐《かむろき》・神魯美命《かむろみのみこと》の、吾孫《あがみま》の知らさむ食国天下と、よさし奉りしまにまに、高天原に事はじめて、四方《よも》の食国天下の政《まつりごと》を、弥高《いやたか》に弥広《いやひろ》に天日嗣《あまつひつぎ》と高御座《たかみくら》に坐して、大八嶋国知らしめす倭根子天皇（元正天皇）の大命に坐《ま》せ詔りたまはく、「此食国天下は、掛《か》けまくも畏《かしこ》き藤原宮に、天下知らしめしし、みましの父と坐す天皇（文武天皇）の、みましに賜ひし天下の業」と、詔りたまふ大命を、聞きたまへ恐み受賜り懼《おそ》り坐す事を、衆聞きたまへと宣る。「かく賜へる時に、みまし親王《みこ》の齢《よわい》の弱《わか》きに、荷重きは堪へじかと、念し坐して、皇祖母《すめみおや》と坐しし、掛けまくも畏き我皇天皇《わがおおきみすめらみこと》（元明天皇）に授け奉りき。此に依りて是の平城大宮《ならのおおみや》に現御神《あきつみかみ》と坐して、大八嶋国知らしめして、霊亀《れいき》元年に、此の天日嗣高御座の業食国天下の政を、朕《われ》に授け賜ひ譲り賜ひて、教へ賜ひ詔り賜ひつらく、『掛けまくも畏き淡海《おうみ》大津宮に御宇しし倭根子天皇の、万世《よろずよ》に改るましじき常の典と、立て賜ひ敷き賜へる法の随《まにま》に、後遂《のちつい》には我子に、さだかにむくさかに、過《あやま》つ事なく授け賜へ』と、負《おお》せ賜ひ詔り賜ひしに、坐す間に去年《こぞ》の九月《ながつき》、天地の貺《たま》へる大き瑞物《しるしもの》顕《あらわ》れ来《け》り。又四方の食国の年《と》実豊《しゅたか》に、むくさかに得たりと見賜ひて、神ながらも念し行すに、うつしくも、皇朕《すめらわ》が御世《みよ》に当りて、顕《あらわ》見るる物には在らじ。今嗣ぎ坐さむ御世の名を記して、応《こた》へ来《きた》りて顕《あらわ》れ来《け》る物に在るらしと念し坐して、今神亀《じんき》の二字《ふたもじ》を御世の年号と定《な》めて、養老八年を改めて、神亀元年として、天日嗣高御座食国天下の業を、吾《あ》が子みまし王《みこ》に、授け賜ひ譲り賜ふ」と詔りたまふ天皇（元正天皇）が大命を、頂《いただき》に受け賜り恐み持ちて、辞《いな》び啓《まお》さば天皇が大命恐み、被賜《うけたまわ》り仕へ奉らば拙《つたな》く劣《おじな》くて知れること無し。進むも知らに退くも知らに、天地の心も労《いたわ》しく重《いか》しく、百官の情《こころ》も辱《かたじけな》み愧《はずか》しみなも、神ながら念し坐す。（後略）

ここにいう「不改常典」は、聖武天皇の即位詔に元正天皇の譲位の際の詔（「　」でくくった部分）が引用され、さらにその中に引用された元明天皇の詔（『　』でくくった部分）にみえているものである。ここでは、文武天皇から、聖武天皇が弱年であったためにかわって皇位を授かった元明天皇が、元正天皇に譲位するにあたって、「不改常典」にしたがって後には確実に聖武天皇に皇位を伝えよといった、というのであるから、その「不改常典」は、文武天皇から聖武天皇への皇位継承、つまり直系ないし嫡系の皇位継承を定めたものとみるのが、まずは最も自然な解釈であるといえよう。ちなみに、文武天皇が死去して元明天皇が即位した時に、聖武天皇は七歳であった。

また、この解釈が妥当であることは、ここに引用されている元正天皇の詔の最初の部分に、「此食国天下」は、「みまし」（聖武天皇）の父である文武天皇が「みまし」に与えた「天下の業」であると述べられていることからも、はっきりとうかがうことができる。元明天皇即位詔の「不改常典」と合わせて考えるならば、それが皇位の直系（嫡系）継承を内容とすることは、ほぼまちがいないといえよう。

聖武天皇譲位詔の「不改常典」

次に、聖武天皇の譲位詔にみえる「不改常典」であるが、それは、『続日本紀』天平勝宝《てんぴょうしょうほう》元年（七四九）七月甲午（二日）条に、次のように記されている。

（前略）平城の宮に御宇しし天皇（元正天皇）の詔りたまひしく、「(イ)掛けまくも畏き近江大津の宮に御宇しし天皇の改るましじき常の典と初め賜ひ定め賜ひつる法の随に、斯《こ》の天つ日嗣高御座の業は、御命《おおみこと》に坐せ、いや嗣《つぎ》にながら御命《みこと》聞こし看《め》せ」と勅りたまふ御命《おおみこと》を畏《かしこ》じ物受け賜はりまして、食国天下を恵《うつくし》び賜ひ治め賜ふ間に、万機《よろずのまつりごと》密《しげ》く多くして御身敢《みみあ》へ賜はずあれ、(ロ)法の随に天つ日嗣高御座の業は朕《わ》が子王《おおきみ》（孝謙天皇）に授け賜ふと勅りたまふ天皇が御命を、親王等・王臣等・百官人等、天下の公民、衆聞きたまへと宣る。

(イ)の「不改常典」は、聖武天皇譲位詔に引用された元正天皇の詔（「　」でくくった部分）にみえるものであり、ここでは、元正天皇が聖武天皇に譲位するにあたって、「不改常典」にしたがって皇位を受けよと命じた、というのである。この場合の「不改常典」は、元正天皇から聖武天皇への譲位の際にいわれたものではあるが、その内容は、やはり文武天皇から聖武天皇への皇位継承（草壁皇子系の直系継承）を主張するものであったとみてまちがいないであろう（長山泰孝「不改常典の再検討」、『古代国家と王権』吉川弘文館、一九九二年、所収）。

一方、(ロ)の「法」については、これを「不改常典」と同一とみる説と、そうではないとする説にわかれるが、詔全体の文脈からすると、同一とみる方がよいと考えられる。もしそうであるならば、聖武天皇から女の孝謙天皇（阿倍《あべ》内親王）へという嫡系ではない皇位継承の場合も、「不改常典」にもとづくとされたということになるが、おそらくそのとおりに考えてよいであろう。

『続日本紀』天平宝字《てんぴょうほうじ》六年（七六二）六月庚戌（三日）条にみえる孝謙太上天皇の詔の中に、次のように述べられていることが参考になる。

朕《わ》が御祖太皇后《みおやおおきさき》（光明皇太后）の御命以《もち》て朕《われ》に告《の》りたまひしに、岡宮《おかのみや》に御宇しし天皇（草壁皇子）の日継《ひつぎ》は、かくて絶えなむとす。女子《おみなこ》の継《つぎ》には在れども嗣《つ》がしめむと宣りたまひて、此の政行ひ給ひき。

ここでは、「女子の継」ではあっても、孝謙天皇が草壁皇子（草壁皇子は天平宝字二年

〈七五八〉に岡宮御宇天皇の号をおくられている）の皇統を継承した、といっているのである。(ロ)の「法」も、「不改常典」と同一とみてよいのであり、「不改常典」が嫡系に限らない直系の皇位継承を内容としたものであったがゆえに、聖武天皇から孝謙天皇へという継承の場合も、それにもとづくものとされたということであろう。

聖武天皇の即位と「不改常典」

以上、元明天皇即位詔、聖武天皇即位詔、同譲位詔にみえる「不改常典」は、いずれも皇位の直系継承を定めたものと考えられること、そしてそれは、具体的には草壁皇子系による皇位継承の論拠とされたものであることを述べた。「不改常典」が草壁皇子系の即位の正当化のために持ち出されたという点は、これまでもしばしば説かれてきたところであるが、さらに限定していうならば、聖武天皇の即位の正当化のために持ち出されたといってよいであろう。聖武天皇即位詔、および聖武天皇譲位詔(イ)の「不改常典」は、まさしく直接にその論拠としてあげられているのであり、元明天皇即位詔(イ)の「不改常典」も、その伏線としての意味をもつものである。元明天皇即位詔(イ)の「不改常典」は、草壁皇子の嫡子である文武天皇に関していわれたものではあるが、それは過去の事実に対しての言及であり、現実には文武天皇の嫡子である聖武天皇の即位の正当化のためのものとみられるのである（長山泰孝、前掲論文)。

なお、桓武天皇以降の即位詔にみえる「不改常典」については、ここでくわしく述べることはしないが、それは、定型化した詔の中で用いられているのであり、多分に形骸化したものである。八世紀の「不改常典」が、右のような具体的な目的をもって用いられているのとは、明らかにその意味合を異にしている。

元明・元正天皇の時代において、聖武天皇の即位の正当性を強調する必要があったということ、いいかえれば聖武天皇即位の十分な合意が得られていなかったということは、『続日本紀』霊亀元年(七一五)九月庚辰(二日)条の元明天皇の譲位詔からもうかがうことができる。そこには、「この神器を皇太子に譲らむとすれども、年歯《よわい》幼く稚くして未だ深宮を離れず」とあり、皇太子(聖武天皇)への継承が本来であるとされつつ、この段階での聖武天皇(時に十五歳)の即位は見送られているのである。父の文武天皇が同じ十五歳で即位していることからすると、聖武天皇には文武天皇にない問題点があったと考えざるを得ない。

また、養老三年(七一九)十月辛丑(十七日)条の元正天皇の詔には、次のようにみえている。

遠祖《とおつおや》の正典を稽《かんが》へ、列代の皇綱《こうこう》を考ふるに、洪緒《こうしょ》を承《う》け纂ぐは、此れ皇太子なり。然《しか》れども年歯猶《なお》稚くして政道に閑《なら》はず。但し、以《おもい》みるに鳳暦を握りて極《ごく》に登り、竜図《りょうと》を御《と》りて機に臨む者《ひと》は、猶輔佐の才に資《よ》りて乃《すなわ》ち太平を致し、必ず翼賛の功《くう》に由《よ》りて始めて運を安《やす》みすること有り。況《いわん》や舎人《とねり》・新田部《にいたべ》親王に及びては、百世の松桂《しょうけい》、本《ほん》枝《し》、昭穆《しょうぼく》に合《かな》ひて、万雉《ばんち》の城石《せいせき》、維盤《いばん》、国家に重し。理《ことわり》、清直《せいちょく》を吐納《とのう》して能《よ》く洪胤《こういん》を輔《たす》け、仁義を資扶《たす》けて信《まこと》に幼齢を翼《たす》くべし。然れば大平の治、期すべく、隆泰《りゅうたい》の運、致すべし。慎《つつし》まざるべけむや。

ここでもやはり、皇太子（聖武天皇）の即位の正当性が述べられているが、それとともに、ここでは舎人・新田部両親王（いずれも天武天皇の皇子）が皇太子の輔政者として位置づけられているのである。両親王が国家の重鎮とたたえられながらも輔政者とされたことは、両親王を皇位継承から除外するという意味をもったものであろう（亀井輝一郎「不改常典の『法』と『食国法』」、『九州史学』九一、一九八八年）。聖武天皇の即位に先立っては、こうした準備も必要とされたのである。

このように、聖武天皇の即位を正当化し、その合意を得ていかなければならなかったのは、基本的には聖武天皇の出自に由来すると考えられるであろう。聖武天皇とそれ以前の草壁皇子系の皇統の担い手、すなわち、天武天皇・草壁皇子・文武天皇との違いは、前者が氏（ウジ）出身の女性（藤原宮子）を母とするのに対し、後者は皇女（皇女でないにせよ皇族の女性）を母としている点である。いいかえれば、後者は近親婚による所生子なのである。

「不改常典」のもつ意味

「不改常典」が持ち出された理由も、この点にあるとみられるのであり、その内容は、近親婚によらない直系継承を皇統の原理として定めたものと考えられるのである。「不改常典」が、文武天皇死後の元明天皇即位詔にはじめて登場するのは、そのことからすれば当然であろう。

そして、「不改常典」が右のような内容・意図をもつものであったということは、逆にいえば、それ以前は、近親婚による所生子が皇位を継承するのが原則であったということである。前節で述べた六、七世紀の王統の原理は、「不改常典」からもその存在が主張できるのである。

なお、聖武天皇の時代においては、皇位継承にかかわる異例のことが数多く行われている。天皇と藤原光明子との間に生まれた男子が、生まれてすぐに皇太子に立てられ、かつてない幼児の皇太子が出現したこと（七二七年）、その皇太子がわずか二歳で死去すると、光明子が皇族の女性でないにもかかわらず皇后に立てられたこと（七二九年）、その後、天皇と光明皇后の長女である阿倍内親王（孝謙天皇）が、女性として最初のそして最後の皇太子に立てられたこと（七三八年）、その皇太子に、天皇は男帝としての最初の譲位を行ったこと（七四九年）、などがそれである。

これらのことも、聖武天皇の出自に由来して行われたこととみられるのであり、聖武天皇自身がそうであったように、その後の皇統も、藤原氏の女性を母とする者によって担われることを正当化し、実現していくために行われたと考えられるのである。聖武天皇譲位詔においても「不改常典」が強調されているのは、この理由によるものであろう。

ようするに、「不改常典」は、河内祥輔氏の説かれるところの、「六世紀型の皇統形成原理」から「八世紀型の皇統形成原理」への変化の中で、持ち出されたものと考えられるのである（河内祥輔、前掲書）。

天智天皇と「不改常典」

ところで、天智天皇の定めた「法」とある「不改常典」が、実際に天智天皇によって制定された「法」なのか、あるいは天智天皇に仮託されたものなのか、この点をめぐって議論のあることは先に述べたとおりである。そして、「不改常典」が皇位の直系継承を内容とした「法」であったならば、それを実際に天智天皇が制定したとみた場合、そこに多くの疑問点の生ずることは確かである。

まず第一に、天智天皇の死後、天皇の子の大友《おおとも》皇子と弟の大海人《おおあま》皇子（天武天皇）との間で、皇位継承争いである壬申《じんしん》の乱がおきている点である。また、それに勝利して即位した天武天皇は、「不改常典」を破ったことになるが、その天武天皇系の天皇によって、「不改常典」が強調されるのは不可解である。

第二に、『懐風藻《かいふうそう》』（天平勝宝三年〈七五一〉成立の漢詩文集。撰者未詳）の葛野《かどの》王伝に、持統天皇十年（六九六）、高市《たけち》皇子（天武天皇の皇子）の薨後、日嗣の選定にあたって衆議がなかなかまとまらなかった際、「我が国家《みかど》の法《のり》と為《な》る、神代《かみよ》より以来《このかた》、子孫相承《しそんあいう》けて、天位を襲《つ》げり。若《も》し兄弟相及《けいていあいおよ》ぼさば則《すなわ》ち乱此《ここ》より興《おこ》らむ」という葛野王（大友皇子の子）の一言によって、珂瑠《かる》皇子（文武天皇）に決定した、と伝えられている点である。もしこれ以前に、直系皇位継承法としての「不改常典」が制定されていたならば、当然ここにもそれへの言及があったはずであり、わざわざ葛野王の一言によって直系継承に決定した、などと述べることはなかったはずである。

第三に、『続日本紀』文武天皇元年（六九七）八月庚辰（十七日）条にみえる文武天皇の即位詔では、「不改常典」にまったく触れていないという点である。「不改常典」が存在していたならば、草壁皇子の嫡子である文武天皇の即位に際してこそ、それが強調されてしかるべきであろう。

これらの点からすれば、皇位の直系継承を内容とする「不改常典」を、実際に天智天皇が制定したとみるのは無理と考えられるであろう。とするならば、天智天皇への仮託ということになるが、まったく根拠のない架空のものを作り上げるのは、天智天皇の時代を知る人々も多く生存しているなかにおいては、困難であったと推定される。しかし、天智天皇が皇位継承に関してなんらかの意志表示をしており、その天皇の意志表示を、元明天皇の即位詔の段階で、天智天皇の「不改常典」として強調する、ということであれば、十分可能であったと考えられる。

天智天皇の意志表示

そして、天智天皇の皇位継承に関する意志表示といえば、『日本書紀』天智天皇十年（六七一）十一月丙辰（二十三日）条にみえる「天皇の詔」が注意されるであろう。そこには次のように記されている。

大友皇子、内裏の西殿の織《おりもの》の仏像の前に在《ま》します。左大臣蘇我赤兄臣《そがのあかえのおみ》・右大臣中臣金連《なかとみのかねのむらじ》・蘇我果安臣《そがのはたやすのおみ》・巨勢人臣《こせのひとのおみ》・紀大人臣《きのうしのおみ》侍《はべ》り。大友皇子、手に香鑪《こうろ》を執《と》りて、先《ま》づ起《た》ちて誓盟《ちかい》ひて曰《のたま》はく、「六人《むゆたり》心《こころ》を同じくして、天皇の詔を奉《うけたまは》る。若《も》し違《たが》ふこと有らば、必ず天罰《あまつつみ》を被《こうぶ》らむ」と、云云。是に、左大臣蘇我赤兄臣等、手に香鑪を執りて、次《ついで》の随《まま》に起つ。泣血《な》きて誓盟ひて曰《もう》さく、「臣等《おのれら》五人《いつたり》、殿下《きみ》に随《したが》ひて、天皇の詔を奉る。若し違ふこと有らば、四天王打《う》たむ。天神地祇《あまつかみくにつかみ》、亦復《また》誅罰《つみ》せむ。三十三天、此の事を証《あきら》め知《しろ》しめせ。子孫当《まさ》に絶《た》え、家門必ず亡《ほろ》びむか」と、云云。

天智天皇はこの翌月に死去するのであるが、右の文章の内容からして、この「天皇の詔」は、死期の近づいた天皇が息子の大友皇子を後継者と定め、その大友皇子を五人の重臣が協力して補佐するよう命じたものとみてまちがいないであろう。つまり天智天皇は、近親婚によらない所生子である大友皇子（伊賀《いが》采女《うねめ》宅子娘《やかこのいらつめ》を母とする）を後継者としたのであり、この点にこそ、後にこの意志表示が、「不改常典」として強調される理由があったといえるのである。

「不改常典」が単なる直系の皇位継承を定めたものであったならば、それはなにも天智天皇の定めたものとする必要はなかったはずであり、むしろ天武天皇が定めたとした方が、天武天皇系の天皇にとって都合がよかったはずである。それがそうなってはいないのは、天武天皇が後継者に定めたのは、持統天皇との間に生まれた草壁皇子であり、草壁皇子は近親婚による所生子であったからとみてよいであろう。いうまでもなく、持統天皇は天智天皇の女であるから、天武天皇と持統天皇の婚姻はオジメイ婚である。

「不改常典」は、近親婚によらない所生子である聖武天皇の即位を正当化し、その合意を得るために、元明天皇即位詔においてはじめて持ち出されたのであり、そうであったからこそ、天智天皇が定めたものとされなければならなかったと考えられるのである。前節で述べた応神天皇以前の記紀の皇統譜において、近親婚による所生子の天皇が伝えられていないことと、「不改常典」とは、同じ目的をもったものとして理解されなければならない。

王権の構造

六、七世紀の太子（ヒツギノミコ）

皇太子とヒツギノミコ

皇太子とは、いうまでもなく、次期皇位継承者のことをいい、古く倭語《わご》（日本語）では「ヒツギノミコ」（日嗣御子）、「モウケノキミ」（儲君）ともいった。また皇太子の居所を東宮《とうぐう》（春宮《とうぐう》）というが、皇太子自身を指して東宮と呼ぶこともある。

『大宝令』『養老令』には、皇位継承者に関する規定はなく、皇太子の条件は定められていない。ただ東宮の構成員については東宮職員令があり、皇太子の権限としては、公式《くしき》令《りょう》に「皇太子監国《けんごく》」（天皇の行幸の際に皇太子が最高責任者として宮を守る）が規定されている。律令制下の皇太子がどのような存在であったのか、この点も必ずしも明らかになってはいないのであるが、ここでは、大王の生前に一人の後継者（ヒツギノミコ）を定めるということが、いつごろから行われるようになったのか、という点を考えてみたい。

大王の生前にすでに後継者が定まっていれば、王位継承は、大王の死後にはじめて次の大王を決定するという方法に比べ、争いなくスムーズに進行するであろう。一人のヒツギノミコを立てるということは、大王の死による王権の動揺を少なくするものといえるのである。

『日本書紀』の立太子記事

『日本書紀』によれば、初代の神武天皇の時から皇太子を立てること（立太子）が行われていたとされるが、もちろん、これをそのまま事実とみることはできない。『日本書紀』の立太子記事の信憑性について、直木孝次郎氏は、表3にもとづき次のように述べられている。

神武天皇から神功《じんぐう》皇后まで（A）は、仲哀天皇の時を除き、すべてに立太子記事が備わっており、しかも「立二〇〇〇尊一為二皇太子一」という統一された表現になっているが、これは、『日本書紀』編者の作文とみるべきである。また、応神天皇から武烈天皇まで（B）は、皇太子がいては物語の進行上矛盾の生ずる例（反正・安康・武烈天皇）を除いて、やはりすべてに立太子記事があり、Aほどではないが『日本書紀』編者の手が加わっていると考

表3　『日本書紀』の立太子記事（直木孝次郎氏作成）

←A　　←B

	年	立太子記事
神武	四十二	立㆓皇子神渟名川耳尊㆒為㆓皇太子㆒。
綏靖	二十五	立㆓皇子磯城津彦玉手看尊㆒為㆓皇太子㆒。
安寧	十一	立㆓大日本彦耜友尊㆒為㆓皇太子㆒。
懿徳	二十二	立㆓観松彦香殖稲尊㆒為㆓皇太子㆒。
孝昭	六十八	立㆓日本足彦国押人尊㆒為㆓皇太子㆒。
孝安	七十六	立㆓大日本根子彦太瓊尊㆒為㆓皇太子㆒。
孝霊	三十六	立㆓彦国牽尊㆒為㆓皇太子㆒。
孝元	二十二	立㆓稚日本根子彦太日日尊㆒為㆓皇太子㆒。
開化	二十八	立㆓御間城入彦尊㆒為㆓皇太子㆒。
崇神	四十八	立㆓活目尊㆒為㆓皇太子㆒。
垂仁	三十七	立㆓大足彦尊㆒為㆓皇太子㆒。
景行	五十一	立㆓稚足彦尊㆒為㆓皇太子㆒。
成務	四十八	立㆓甥足仲彦尊㆒為㆓皇太子㆒。
仲哀		
神功	三	立㆓誉田別皇子㆒為㆓皇太子㆒。
応神	四十	立㆓菟道稚郎子㆒為㆑嗣、……以㆓大鷦鷯尊㆒為㆓太子輔㆒之、令㆑知㆓国事㆒。
仁徳	三十一	立㆓大兄去来穂別尊㆒為㆓皇太子㆒。

←C

履中	二	立二瑞歯別皇子一為二儲君一。
反正		
允恭	二十三	立二木梨軽皇子一為二太子一。
安康		
雄略	二十二	以二白髪皇子一為二皇太子一。
清寧	三	以二億計王一為二皇太子一。
顕宗	二	（天皇謂二太子億計一曰、……）
仁賢	七	立二小泊瀬稚鷦鷯尊一為二皇太子一。
武烈		
継体	七	詔曰「……盛哉勾大兄、……宜レ処二春宮一、助レ朕施レ仁翼レ吾補レ闕。」
安閑		
宣化		
欽明	十五	立二皇子渟中倉太珠敷尊一為二皇太子一。
敏達		
用明	二	（作三太子彦人皇子像与二竹田皇子像一厭之。）
崇峻		
推古	元	立二厩戸豊聡耳皇子一為二皇太子一。
舒明		
皇極		

←D

孝徳	元	以二中大兄一為二皇太子一。（孝徳前紀）
斉明	四	（皇太子親問二有間皇子一曰、云々、その他）
天智	元	天命開別天皇元年立為二東宮一。（天武前紀）
天武	十	立二草壁皇子尊一為二皇太子一。
持統	十一	（東宮大傅、春宮大夫、同亮を任命）

〔備考〕立太子記事がなくても、皇太子の存在を示す記事がある場合は、括弧で包んで示した。成務天皇の立太子は、成務前紀によれば景行四十六年であるが、表は景行紀に従った。垂仁天皇の立太子の年も、垂仁前紀と崇神紀とで出入があるが、崇神紀に従った。軽皇子（文武）が持統十一年に立太子したことは、続日本紀の文武前紀にみえる。

えられる。これに対して、継体天皇から皇極天皇まで（C）は、一〇人の天皇のうち三人の天皇（継体・欽明・推古）に立太子記事がみえるのみであり、立太子記事のない「太子彦人《ひこひと》皇子」（押坂彦人大兄《おしさかのひこひとのおおえ》皇子）を加えても四例にすぎず、当時の実情を伝えている可能性が高い。この時期は、「大兄《おおえ》制」、および「大兄制」から「太子制」への過渡期と考えられる。そして孝徳《こうとく》天皇から持統天皇まで（D）は、再びすべてに皇太子の存在を示す記事がみえており、この時期には「太子制」が確立していたとみることができる。

右の直木氏の見解のうち、「大兄制」の問題については次節で取りあげるが、A・B部分の立太子記事が『日本書紀』編者の作文であるのに対し、C・D部分は実情に近いとされた点は、そのとおりであろう。

しかし、近年は、C・D部分も含め、『日本書紀』の立太子記事はすべて事実ではないとする見解も有力である。この点を、はじめて明確に論じられたのは荒木敏夫氏である（荒木敏夫『日本古代の皇太子』吉川弘文館、一九八五年）。氏によれば、皇太子制は飛鳥《あすか》浄《きよ》御原令《みがはらりょう》（天武天皇十年〈六八一〉に編纂が命じられ、持統天皇三年〈六八九〉に令二十二巻が施行された）によってはじめて成立するのであり、立太子の初例は珂瑠皇子（文武天皇）であったとされる。

たしかに、「皇太子」という呼称が成立し、東宮という特別の機構を有した皇太子制が成立するのは、飛鳥浄御原令によるとみるべきであろう。ただ、そうであるからといって、それ以前においては、ヒツギノミコを一人立てるということ自体も行われなかった、とまで考える必要はないであろう。

『隋書』倭国伝の「利（和）歌弥多弗利」

荒木氏は、飛鳥浄御原令以前の「皇太子」の存在を示す確実な史料はないとされるが、『隋書《ずいしょ》』倭国伝の次の記述は無視できないものである。

開皇《かいこう》二十年、倭王あり、姓《せい》は阿毎、字《あざな》は多利思比孤、阿輩雞弥と号す。使を遣わして闕《けつ》に詣《いた》る。上《しょう》、所司をしてその風俗を訪《と》わしむ。使者言う、

「倭王は天を以て兄となし、日を以て弟となす。天未《いま》だ明けざる時、出でて政を聴《き》き跏趺《かふ》して坐し、日出ずれば便《すなわ》ち理務を停《とど》め、いう我が弟に委《ゆだ》ねんと」と。高祖《こうそ》いわく、「これ大いに義理なし」と。ここにおいて訓《おし》えてこれを改めしむ。王の妻は雞弥と号す。後宮に女六、七百人あり。太子を名づけて利歌弥多弗利となす。

文中の「開皇二十年」は隋の高祖文帝《ぶんてい》の年号で、推古天皇八年（六〇〇）にあたり、「上」は高祖文帝を指す。また「阿毎」「多利思比孤」「阿輩雞弥」「雞弥」「利歌弥多弗利」などは、いずれも当時の倭語を、漢字の音を借りて表記したものと考えられ、倭王の「阿毎」は「アメ」（天）、「多利思比孤」は「タラシヒコ」（足彦）、「阿輩雞弥」は「オホキミ」（大王）ないし「アメキミ」（天君）、王妻の「雞弥」は「キミ」（君・王）を指すとみられるが、太子の「利歌弥多弗利」は難解である。

しかし、ここにいう「太子」が、単なる長子の意味ではなく、「中国の皇太子に対応する倭王の位を嗣ぐ子」の意味で用いられていることは明らかであろう。この記事は、「上、所司をしてその風俗を訪わしむ」とあるとおり、中国側の倭王権のあり方への問いに対する、倭の使者の答えにもとづくものであり、単なる長子では意味をなさないからである。

またここでは、倭王は男性として記述されているが、当時実際には女帝（推古天皇）であったのであり、倭の使者は、そのころの倭王権の一般的あり方、もしくは本来のあり方をもって答えたということになるであろう。「利歌弥多弗利」については、「和歌弥多弗利」の誤りとみるのがふつうであり、「ワカミトホリ」（若御統＝若き御血統にある方）という倭語を表わしたとする説が妥当であろう（渡辺三男「隋書倭国伝の日本語比定」、『駒沢国文』五、一九六六年）。

つまり、この記事からは、当時の倭国に、「和歌弥多弗利」（ワカミトホリ）と呼ばれる倭王の後継者を示す地位の存在していたことがうかがえるのである。ワカミトホリ（すなわちヒツギノミコ）が、当時どのように表記されたかは不明であるが、「大王」、また後に述べるように「大后」の表記が存在していたことからすれば、「太子」と表記されていた可能性も否定できないであろう。以下、「皇太子」の呼称が成立する以前の王位の継承者たる地位（一人定められたヒツギノミコ）を、太子と記していくことにしたい。

六、七世紀の太子の実例

それでは、六、七世紀の太子の実例としては、どのような例があげられるであろうか。改めて、直木氏のいわれたC・D部分の立太子記事を掲げておこう。

(1) 詔《みことのり》して曰《のたま》はく、「朕《われ》天緒《あまつひつぎ》を承《う》けて、宗廟《くにいえ》を保つこと獲《え》て、兢兢業業《おそりあやぶむ》。（中略）盛《さか》りなるかな、勾大兄《まがりのおおえ》、吾が風《のり》を万国《よろずのくに》に光《てら》すこと。日本邕邕《やまとのくにやわら》ぎて、名天下に擅《ほしきまま》なり。秋津《あきづしま》は赫赫《さかり》にして、誉《ほまれ》王畿《うちつくに》に重《おも》し、宝とする所は惟《これ》賢《さかしきひと》、善《よきわざ》するを最も楽《たの》しぶ。聖化《ひじりのおもぶけ》茲《これ》に憑《よ》りて遠く扇《さか》え、玄功《はるかなるいたわり》此《これ》に藉《よ》りて長く懸《かか》れり。寔《まこと》に汝《いまし》が力《つとめ》なる。春宮《ひつぎのみこのくらい》に処《い》て、朕を助けて仁《めぐみ》を施《ほどこ》し、吾を翼《たす》けて闕《あやまち》を補へ」とのたまふ。（継体天皇七年〈五一三〉十二月戊子〈八日〉条）

(2) 皇子渟中倉太珠敷尊《みこぬなくらふとたましきのみこと》を立てて皇太子《ひつぎのみこ》とす。（欽明天皇十五年〈五五四〉正月甲午〈七日〉条）

(3) 厩戸《うやまとの》豊《とよ》聡《と》耳《みみ》皇子を立てて、皇太子とす。仍りて録摂政《まつりごとふさねつかさど》らしむ。万機《よろずのまつりごと》を以て悉《ことごとく》に委《ゆだ》ぬ。（推古天皇元年〈五九三〉四月己卯〈十日〉条）

(4) 中大兄を以て、皇太子とす。（孝徳天皇即位前紀）

(5) 天渟中原瀛真人《あまのぬなはらおきのまひと》天皇（天武天皇）は、天命開別《あめみことひらかすわけ》天皇（天智天皇）の同母弟《いろど》なり。幼《わか》くましまししときには大海人皇子と曰《もう》す。（中略）天命開別天皇の元年に、立ちて東宮《もうけのきみ》と為りたまふ。（天武天皇即位前紀）

(6) 草壁皇子尊を立てて、皇太子とす。因《よ》りて万機を摂《ふさねおさ》めしめたまふ。（天武天皇十年二月甲子〈二十五日〉条）

この中で、(1)の勾大兄皇子（安閑天皇）と(2)の渟中倉太珠敷尊（敏達天皇）の二例の立太子については、律令制以前における太子の存在をみとめる説においても、事実ではないとするのが一般的である。しかし、(3)の厩戸皇子（聖徳太子）以降の例を事実とみるならば、(1)・(2)についても、同様に考えてよいであろう。

たしかに、(1)は中国の書籍を利用して文章を作っており、「春宮」という言葉も当時のものとは思えない。また(2)も、「皇太子」とある以上、「皇太子」の呼称が成立した後の手が加わっているのは明らかである。ただ、「皇太子」とあるのは(3)以降も同様であり、そこにも後の手は加わっているのである。『日本書紀』の立太子記事全体のあり方からして、(3)以降を事実とみとめて、(1)・(2)をみとめない理由はないといえよう。『隋書』倭国伝の記事も、「和歌弥多弗利」（太子）が当時はじめて立てられたというのではなく、それ以前から存在し、当時は一般的な存在、あるいはあるべき存在になっていたと考えて、よく理解できるものである。

一方、(3)以降の例でも、(5)の天武天皇の「東宮」については、古くから疑問とする説があり、事実ではない可能性が高い。『日本書紀』の天智天皇の巻（天智紀）には、立太子記事がないのであり、この例は、壬申の乱によって即位した天武天皇を正当化するための造作とみるのが妥当であろう。

また、(1)〜(6)のほかに、『日本書紀』は押坂彦人大兄皇子に「太子」を冠しており（ただし皇子がこのように表記されるのは、用明天皇二年〈五八七〉四月丙午〈二日〉条の一ヵ所のみ）、『懐風藻《かいふうそう》』には大友皇子が「皇太子」に立てられたとあるが、これらも太子の実例とはいえないであろう。押坂彦人大兄皇子の場合は、「太子」というのが単なる長子の意味で用いられている可能性もあり、またそうでなかったならば、母の広姫《ひろひめ》が敏達天皇の「皇后」とされたのと同様、天智・天武の両天皇につながる王統の正統性を強調するために、「太子」とされたと考えられる。大友皇子の立太子については、天智天皇が大友皇子を後継者にしようとしたことを、『懐風藻』の編者が皇太子に立てられたと解釈したものと推定される。

七世紀の政治史については、本書の「飛鳥朝前期の政権抗争」の章・「飛鳥朝後期の政権抗争」の章で改めて取りあげるが、ここでは、(5)を除く(1)〜(4)・(6)の五例が、六、七世紀の太子の実例と考えられることを述べておきたい。

なお、五世紀以前の太子の存在については、『日本書紀』の立太子記事を根拠に、その存在を推定することはできないのであるが、『宋書』倭国伝に、倭の五王の三番目の興が

「世子」（世継ぎの子）とあることは注意されてよい。当時、大王の生前に一人の後継者を立てるべきである、との認識がすでに存在していたとは考え難いが、ある大王が生前にその後継者を定めるということ自体は、それが実現される保障はなかったにしても、五世紀以前においても行われていた可能性がみとめられるのである。

六、七世紀の太子の性格

次に、六、七世紀の太子の性格についてであるが、(1)の安閑天皇、(3)の厩戸皇子、(6)の草壁皇子の場合は、太子に立てられると同時に輔政者ないし執政者の役割を負わされたことが明記されている。また(4)の中大兄皇子の場合も、孝徳・斉明両朝において、大きく政治にかかわっていたことが『日本書紀』の記述に示されている。

これらのことから、『日本書紀』編者が、この時期の太子を、ヒツギノミコであると同時に輔政者・執政者であったとみなしていることは明らかである。そこには、皇太子の地位を高めようとする『日本書紀』編者の意図もみとめられるであろう（『日本書紀』編纂段階の皇太子は聖武天皇〈首皇子〉であった）。しかし、安閑天皇・厩戸皇子・中大兄皇子らの政治関与を示す記事を、すべて編者の作文として否定してしまうのは正しくないであろう。また逆に、そうであるからといって、太子が立てられた時の大王を不執政とみるのも、事実に合わないと考えられる。

(3)の厩戸皇子の場合は、「万機を以て悉に委ぬ」とあるが、その実態は、『上宮聖徳法王帝説《じょうぐうしょうとくほうおうていせつ》』(聖徳太子の伝記、編著者不詳。平安時代中ごろの成立であるが、それ以前に著された部分も含み、七世紀の資料も引用している)に、「上宮厩戸豊聡耳命、嶋大臣《しまのおおおみ》(蘇我馬子《うまこ》)とともに、天下の政を輔《たす》く」とあるように、輔政者とみるべきであろう。最終的決定権は、大王としての推古天皇自身が握っていたと考えられる。また(4)の中大兄皇子については、斉明朝においてこそ、『藤氏家伝《とうしかでん》』上巻(「大織冠伝《たいしょくかんでん》」、中臣鎌足《なかとみのかまたり》の伝記。七六〇年ごろ、藤原仲麻呂《なかまろ》によって編纂された)に、「悉く庶務《まつりごと》を皇太子に委ねたまひき」とあり、実権を握っていたと推定されるが、孝徳朝における中大兄皇子を執政者とし、孝徳天皇には実権がなかったとする説に対しては、門脇禎二氏の研究以来、批判も多い(門脇禎二『「大化改新」論―その前史の研究―』徳間書店、一九六九年)。そして(6)の草壁皇子の場合も、「万機を摂めしめたまふ」とあるが、その後、天武天皇が政治に関与しなくなったとは考えられない。

この時期の太子は、王位継承者であると同時に大王の輔政者であるという点に特徴があったとするべきであろう。律令制下の皇太子と異なり、未成人の太子がみられないのは、輔政者たりうる年齢に達していることが要求されたからと考えられる。そして、太子の輔政には、もちろん大王見習いという意味もあったはずである。

六、七世紀の大兄

皇太子制が成立する以前から、一人の王位継承者を定めるということは行われた、と述べてきたが、そこで問題となるのが、大兄《おおえ》の存在である。

大兄の用例

『日本書紀』には、六、七世紀の王族の名（通称）の一部、ないし通称そのものとして、「大兄」の呼称が散見されるのであり、その大兄を、王位継承上の制度的呼称とする説が提出されているからである。

六、七世紀の王族で、大兄を称するのは、勾大兄皇子（安閑天皇）・箭田珠勝大兄《やたのたまかつのおおえ》皇子（用明天皇）・押坂彦人大兄皇子・山背大兄王・古人大兄皇子・中大兄皇子（天智天皇）の七名である。これらの人物に共通する点は、同母兄弟中の長子、ないしは唯一子であるという点であり、大兄が本来、長子を意味する語であることはまちがいない。『日本書紀』の古訓によれば、大兄はオホエともオヒネ（オホヒネ）とも訓まれるが、いずれの訓みにしたがっても、それは兄弟中の最年長者を意味する語と考えられる。また、漢語としての「大兄」（タイケイ）の語義も、同様である。

一方、六、七世紀の王族以外の大兄の用例としては、「船王後墓誌《ふねのおうごぼし》」の「大兄刀羅古首《とらこのおびと》」や、『続日本紀』文武天皇二年（六九八）四月壬辰（三日）条の「秦大兄《はたのおおえ》」が注目される。前者は、王後（墓誌では辛丑年〈六四一〉に死去したとされる）の長子としてその名がみえるのであり、この場合は、名の一部ではなく、長子を意味する続柄表記としての「大兄」と考えられる。後者は、備前《びぜん》国の人としてその名がみえており、名の一部としての用例である。

大兄と長子

さて、大兄が本来、長子を意味する語であるならば、六、七世紀の王族にみえる大兄について考える場合も、まずはこの時期の王族中の長子全体に目を向ける必要があるであろう。大兄と称された王族は、勾大兄皇子にはじまり中大兄皇子に終わるが、この間の世代の王族のうち、長子（および唯一子）と伝えられる人物を列記したのが表4である。

表4　六、七世紀の長子と大兄

	長子(唯一子)	父	母
①	勾大兄皇子(安閑)	継体	目子媛
2	天国排開広庭尊(欽明)		手白香皇女
3	大郎皇子		稚子媛
4	椀子皇子		倭媛
5	厚皇子		荑媛
6	兎皇子		広媛
7	上殖葉皇子	宣化	橘仲皇女
8	火焔皇子		稚子媛
⑨	箭田珠勝大兄皇子	欽明	石姫皇女
10	石上皇子		稚綾姫皇女
11	倉皇子		日影皇女
⑫	大兄皇子(用明)		堅塩媛
13	茨城皇子		小姉君
14	橘麻呂皇子		糠子
⑮	押坂彦人大兄皇子	敏達	広姫
16	難波皇子		老女子夫人
17	竹田皇子		額田部皇女(推古)
18	厩戸皇子	用明	穴穂部間人皇女
19	田目皇子		石寸名

20	麻呂子皇子		広子
21	蜂子皇子	崇峻	小手子
22 23 24	田村皇子（舒明） 茅渟王（智奴王） 山代王	押坂彦人大兄皇子 （忍坂日子人太子）	田村王 大俣王 桜井玄王
㉕ 26 27	山背大兄王（山代大兄王） 泊瀬仲王（長谷王） 白髪部王	厩戸皇子	刀自古郎女 菩岐々美郎女 位奈部橘王
28	難波麻呂古王	山背大兄王	舂米女王
㉙ ㉚ 31	古人大兄皇子 中大兄皇子（天智） 蚊屋皇子	舒明	法提郎媛 宝皇女（皇極・斉明） 蚊屋采女
32	有間皇子	孝徳	小足媛

※22～24は『古事記』、25～28は『上宮聖徳法王帝説』、ほかは『日本書紀』による。
※7・11は『古事記』では長子とされていない。
※4・5・7・14・17・26には姉がある。
※大兄は番号を○で囲んだ。

この表から明らかなように、大兄を称するのは三二例中の七例にすぎず、全体の四分の一にも満たない。またここで注意されるのは、系譜記事にのみその名がみえ、具体的な行動が何ら伝えられていない長子、つまりさほど有力であったとは思われない長子は、すべて大兄の呼称をもたないという点である。

これに対して、大兄を称するのはいずれも有力な長子であり、しかもそのほとんどが王位継承にかかわったことが指摘できる。すなわち、勾大兄皇子（安閑天皇）・大兄皇子（用明天皇）・中大兄皇子（天智天皇）は、実際に王位についた例であり、山背大兄王・古人大兄皇子は、王位にはつかなかったものの、王位継承にかかわったことは明らかである（この点くわしくは次章で述べる）。

また、箭田珠勝大兄皇子は、『日本書紀』にとくに薨去記事が載せられており（欽明天皇十三年〈五五二〉四月条）、その二年後に渟中倉太珠敷尊（敏達天皇）の立太子記事があることからすると、『日本書紀』においては、本来「皇太子」に立てられるべき人物であったと認識されているといえよう。

そして、押坂彦人大兄皇子については、物部守屋《もののべのもりや》討滅事件に際して、はじめ穴穂部《あなほべ》皇子・物部守屋の側につこうとした中臣勝海《なかとみのかつみ》が、押坂彦人大兄皇子と竹田《たけだ》皇子との像を作って呪詛したとある（用明天皇二年〈五八七〉四月丙午〈二日〉条）ことが注意される。このことからただちに、押坂彦人大兄皇子が王位継承候補者であったとみることはできないが、有力な王族であったことは確かであろう。

このような、長子全体の中での大兄の用いられ方からするならば、大兄を単なる長子の呼称にすぎないとみるのは、正しくないと考えられる。記紀において、長子を意味する続柄表記として「大兄」が用いられることはなく、その場合は「長」「長子」といった表記がとられていることも、この時期の大兄が単なる長子を意味する語ではなかったことを示すものであろう。

大兄と王位継承者

しかし、それだからといって、大兄を王位継承にかかわる制度的呼称とみること、つまり、皇太子制ないし太子制に先行する制度として「大兄制」なるものが存在したとみること、も正しくないと考えられる。

まず、六、七世紀の王族にみえる大兄は、名（通称）の一部、または通称そのものとして用いられているのであり、「皇太子」「太子」「東宮」といった公的地位・身分を示す語とは、異なった性格の語であることが明らかである。『日本書紀』の立太子記事に、「中大兄を以て、皇太子とす」（孝徳天皇即位前紀）とあるなど、大兄を皇太子に立てたとする記述がみえることは、この点をよく示している。

また、大兄が王位継承者を指す制度的呼称であったならば、欽明天皇・舒明天皇・厩戸皇子なども（これらはいずれも長子）、大兄を称していてよいであろう。大兄を称する七名中、実際に即位したのが三名にすぎないことも、それが制度と呼べるようなものではなかったことを示している。

さらに、大兄が王位継承者という地位を示す呼称であったとすると、「船王後墓誌」の「大兄刀羅古首」、『続日本紀』の「秦大兄」のように、七世紀末の段階において、早くもその呼称が王族以外の人物にも用いられているというのも、不自然であろう。

六、七世紀の王位継承者を示す呼称は、『隋書』倭国伝にいう「利（和）歌弥多弗利」（太子）であり、それとは異なる大兄の呼称を、王位継承にかかわる制度的呼称とみるのは困難と考えられる。

大兄の意味　それでは、この時期の大兄は、長子という意味に加えて、どのような意味をもつ呼称であったのであろうか。

大兄を「『宗主権』の継承にかかわる、長子を意味する社会的通称」と定義された荒木敏夫氏は、六、七世紀の王族にみられる大兄については、母を同じくする「王族内の単位集団」の代表者（多くは長子）を意味する呼称であるとされている（荒木敏夫、前掲書）。しかし、すでに小林敏男氏が疑問を示されているとおり（小林敏男『古代女帝の時代』校倉書房、一九八七年）、そうした単位集団の長が大兄と呼ばれたのであれば、もっと多くの大兄の呼称が伝えられていてよさそうである。荒木氏は、右の単位集団の物質的基礎が「皇子宮」であるとされるが、「皇子宮」の存在が史料的に確認される厩戸皇子や泊瀬《はっせ》王は、大兄と称されてはいないのである。氏によれば、これらの長子も大兄であり、同じく「皇子宮」の存在の知られる穴穂部皇子も大兄であったとされるが、大兄の呼称が伝えられていない長子や、長子ではない穴穂部皇子（記紀ともに、欽明天皇と蘇我小姉君《おあねのきみ》との三男と伝える。紀の一書には二男）を大兄としなければならないところに、この説の問題点があるといえよう。

また、荒木説に疑問を示された小林敏男氏は、大兄は大王の輔政者としての地位・身分にあった長子の呼称であり、中大兄皇子が「皇太子」に立てられたことにより、それまでの大兄制が廃止され、大兄の輔政的要素と皇嗣（ヒツギノミコ）の要素とを合わせもった「皇太子制」が成立したとされる。しかし、この小林説に対しても、大兄は公的地位・身分を示す呼称ではないという批判があてはまるであろう。氏は、「男大迹《おおど》天皇（継体天皇)、大兄を立てて天皇としたまふ」(安閑天皇即位前紀)という記事に着目し、勾大兄皇子が単に「大兄」と表記されるのは、大兄が一定の地位・身分を示す呼称であったからとされるが、この「大兄」は、単に勾大兄皇子を略記したにすぎないものと考えられる。

このように、大兄に長子以上の意味を見出そうとする説は、王位継承にかかわる制度的呼称とする説も含めて、いずれも疑問点をもつものといえよう。つまり、この時期の大兄を称する王族にのみ共通する明確な性格は、見出し難いのである。

そこで考えられることは、大兄は、単なる長子を意味する呼称ではないが、長子に対する敬称・尊称にすぎないのではないか、ということである。敬称・尊称であったがゆえに、長子のうちの有力なもののみが大兄と称されたのであり、同時に単なる敬称・尊称であったがゆえに、有力な長子のすべてが大兄と称されたのでもなければ、大兄を称する長子にのみ共通する性格も見出せない、と考えられるのである。

なお、王族における大兄の呼称が、勾大兄皇子にはじまるのは、そのころには長子を次子以下よりも重んずる考えが存在していたことを示しており、それは、長子相続的な考えの成立・導入と無関係ではないであろう。また、中大兄皇子をもって終わるのは、次の天武朝には王族の冠位が定められ、それによって序列が示されるようになったことと関係するものと推定される。

「大后制」の成立と王統の原理

「大后制」をめぐって

先に、六、七世紀の太子は輔政者であったと述べたが、この時期、大后《おおきさき》もまた、大王の輔政者、ないし共治者であったと考えられる。岸俊男氏の研究（岸俊男「光明立后の史的意義」、『日本古代政治史研究』塙書房、一九六六年、所収）以来、大后をめぐる議論も多いが、大后は「皇后」号の成立する以前のそれに相当する呼称であったこと、大后は単なる大王の正妻ではなく、大きな政治的権限をもつ存在であったこと、これらの点については、ほぼ異論がないといってよいであろう。また、大后は前大王の女であることを原則とし、そうでない場合も、王族であることを必要条件としていたこと、この点も、広く承認されているところである。

主として見解のわかれるのは、大后の成立時期および成立事情についてである。岸氏は、一人の大后を立てるということが制度として整えられたのは推古朝に近いころとされたが、王族の女性を大王の妻とすることは五世紀中ごろからみとめられるとされ、そのころから「大后のような地位」は存在したのではないかと述べられた。

その後、吉田晶氏は、大后制は殯宮《ひんきゅう》儀礼の整備との関係で成立し、安閑天皇の大后の春日山田《かすがのやまだ》皇女にはじまるとされ（吉田晶「古代国家の形成」、『岩波講座　日本歴史』二、岩波書店、一九七五年）、山尾幸久氏は、敏達朝の広姫がその所生子の押坂彦人大兄皇子の地位強化のために、大后に立てられたのがはじめであるとの説を示された（山尾幸久『日本国家の形成』岩波書店、一九七七年）。成清弘和氏も、大后はその所生子の地位強化のためとされ、王族大后制が成立するのは、王位の直系継承への志向と、王位継承問題に諸氏族が介入するのを排除する意図によるとして、それを舒明朝とされている（成清弘和「大后についての史料的再検討」、『日本古代の王位継承と親族』岩田書院、一九九九年、所収）。また、萩原千鶴氏は、欽明天皇の即位にあたって、その王位継承の正当性を示すため、母である手白香《たしらか》皇女に大后を追称したのが大后制のはじめであるとされる（萩原千鶴「女鳥王物語と春日氏后妃伝承の定着」、『日本古代の神話と文学』塙書房、一九九八年、所収）。

一方、大后制を王位継承に直接かかわる制度とみることに批判的な小林敏男氏は、大后（オホキサキ）はキサキの尊称であり、キサキは複数存在したのではなく、ヒメ・ヒコ制のヒメのもつ聖的価値を引き継いだ地位であって、そのキサキが大王の配偶者として大王の近親から選ばれるようになったことこそ、王権発達上の重要な転換点であるとされ、その時期を五世紀中ごろに求められた。そして、キサキが大王の共治者もしくは輔政者として身分的にその地位を顕在化させ、オホキサキと尊称されるようになったのが、継体朝の手白香皇女以降であったとされている（小林敏男、前掲書）。

「大后制」の成立

岸氏のいわれる「大后のような地位」、また小林氏のいわれる「キサキ」が五世紀中ごろから存在したというのは、記紀に伝える五世紀代の大王の近親婚（王家の女性との婚姻）は、前章で述べたように信憑性に欠けるのであり、疑問であろう。

ただ、大王の正妻であると同時に輔政者・共治者であるという大后の成立について考えるならば、やはり注目されるのは手白香皇女の存在である。継体天皇の即位事情については簡単には述べられないが、継体天皇が前大王の子・孫・兄弟といった近親者でなかったことは確かと考えられるのであり、その数多くの妻（『古事記』には八名、『日本書紀』には九名）の中で、手白香皇女が特別な位置にあったことは容易に推定されるところである。

手白香皇女を仁賢天皇の女とする記紀の伝えは、仁賢天皇の実在を疑う説もあって、必ずしも確かなものとはいえないが、継体天皇の前の大王の近親者であったことはみとめてよいであろう。手白香皇女所生の欽明天皇が、安閑・宣化天皇に次いで（二朝並立説によれば安閑・宣化天皇とならんで）大王位についたことからも、手白香皇女の出自がほかの継体天皇の妻とは区別される価値をもっていたことが推定されるであろう。欽明天皇の即位の正当性を主張するために、その母が「皇女」とされたとの見方もあろうが、数多くの継体の子の中から、欽明天皇が即位しえたという事実に注目すべきである。

『日本書紀』には、継体天皇の即位にあたって大伴金村《おおとものかなむら》が、手白香皇女を「皇后」に立て子息をもうけて世嗣とすべきことを求めたとあり（継体天皇元年〈五〇七〉二月庚子〈十日〉条）、手白香皇女所生の欽明天皇をとくに「嫡子」と記している（同年三月甲子〈五日〉条）。これは『古事記』武烈天皇段に、継体天皇に「手白髪命《たしらかのみこと》に合せまつりて、天下を授け奉《まつ》りき」とあり、継体天皇段の系譜記事に「手白髪命是れ大后《おおきさき》」と注記していることと対応するものである。記紀の認識においても、手白香皇女が特別視されていることは明らかである。

また、『日本書紀』には、「皇后手白香皇女を立てて、内《うち》に修教《まつりごと》せしむ」（継体天皇元年三月甲子条）ともあるが、この記事から、輔政者・共治者としての性格を推定することも可能であろう。つづく安閑天皇の「皇后」の春日山田皇女については、欽明天皇が即位する際に、「余《おのれ》、幼年《としわか》く識浅《さとりすくな》くして、未《いま》だ政事《まつりごと》に閑《なら》はず。山田皇后（春日山田皇女）、明《あきら》かに百揆《もものまつりごと》に閑ひたまへり。請《こ》ふ、就《もう》でて決《さだ》めよ」と述べたとあり（欽明天皇即位前紀）、はっきりと輔政者・共治者であったことが推定できる。

安閑天皇の「皇后」春日山田皇女も、また宣化天皇の「皇后」の橘仲《たちばなのなかつ》皇女も、『日本書紀』では仁賢天皇の女とされているが、これらの「皇女」の場合も、手白香皇女と同様、継体天皇の前の大王の近親者であったことはみとめてよいであろう。「大后」の呼称が、このころすでに存在していたかは不明であるが、継体天皇の即位を契機に、前大王の近親者が大王の妻となり、ほかの妻と区別される地位について輔政・共治にあたるということが行われるようになった、と考えられるのである。

岸俊男氏が、「大后制」の整えられたのは推古朝に近いころとされたのは、敏達天皇の時代に私部《きさいべ》が設置されたこと（『日本書紀』敏達天皇六年〈五七七〉二月朔条）に着目されてのことである。私部については、大王の妻一般のために設けられた部《べ》という見方もあるが、大后のための部とみてよいであろう。これによって、大后の地位を支える基盤も整えられたということである。

また、私部と対応して、太子のために設置された部とみられるのが壬生部《みぶべ》である。これは、推古天皇十五年（六〇七）に設置されたと伝えられるが（『日本書紀』推古天皇十五年二月朔条）、大后についで、太子（この場合、具体的には厩戸皇子）の地位も整えられていったのである。

王権の分掌形態と王統の原理

以上述べてきたことからすれば、六、七世紀の王権は、大王一人の手に掌握されるのではなく、大王を中心として大后・太子（太子は立てられない時もある）の三者によって分掌されるという形態を基本としていた、ということができるであろう。先に引用した『隋書』倭国伝に、倭王のことだけでなく、わざわざその妻と太子のことが述べられているのは、当時の倭王権の基本的形態を示したものとみられるのである。

王権を大王一人に集中させないという形態は、大王の死による王権の著しい動揺を防ぐことのできる形態であり、また、大王と大后の共治（大后の輔政）というのは、聖俗二重王権的性格を継承した面もあるのかもしれない。そして、この三者による王権の分掌形態は、そのほかの王族に王権を行使させない、という性格もあったとみることができる。『日本書紀』の記述によれば、王族の官人化がはじまる孝徳朝以前においては、太子が立てられない場合に一人の王族が輔政者となることはあっても（たとえば、敏達朝における大兄皇子〈用明天皇〉）、それを除けば、大后・太子以外の王族が、恒常的に国政に参与した形跡はほとんどみられないのである。つまり、この分掌形態は、王族間における王位・王権をめぐる争いを回避する形態でもあった、といえるのである。

大后については、それを王位継承に直接かかわる地位とみるか、それとは直接関係のない独自の役割をもつ地位とみるかが一つの論点になっているが、両者を切り離して考える必要はないのであり、大王・大后・太子の三者が王権を分掌するという形態と、当時の王統の原理とは、まさに一体のものであったというべきであろう。

右の王権の分掌形態は、継体天皇の時代には存在したとみられるのであるが、継体天皇や安閑・宣化天皇の場合は、大后に立てたのは前の王家の女性であり、自らの血統に属する近親者ではなかった。そして継体天皇が立てた太子も、大后との間の子ではなかったのであり、この場合の太子（勾大兄皇子）は、倭の五王の一人の興の「世子」と同様のものであったと考えられる。これに対して、欽明天皇は、前の大王の女であり、かつ近親者

（メイ）である石姫皇女を大后に立てたのであり、その間に生まれた敏達天皇を成人したのちに太子に立てたのである。この欽明朝を画期に、王権の分掌形態と一体となった王統の原理、すなわち、大王と大后の近親婚による所生子が、成人したのちに太子に立てられ、王統を継承していく、ということを理想とした考えが形成されていったとみられるのである。

飛鳥朝前期の政権抗争

推古女帝の登場

敏達天皇の死

推古《すいこ》天皇は、『日本書紀』の即位前紀によれば、十八歳で敏達《びだつ》天皇の皇后となり、三十四歳で敏達天皇が死去し、三十九歳の時に、崇峻《すしゅん》天皇が蘇我馬子《そがのうまこ》に暗殺されたため、群臣に要請されて即位した、とされる。ただ、推古天皇三十六年（六二八）三月癸丑（七日）条に七十五歳で亡くなったとあることと考え合わせると、敏達天皇が死去した時の年齢は、三十四歳ではなく三十二歳とするのが正しい。また、十八歳で敏達天皇の皇后に立てられたとあるが、十八歳の時は欽明天皇三十二年（五七一）にあたり、敏達天皇の即位の前年である。したがって、皇后に立てられたというのは、敏達天皇との結婚のことを指しているとみるべきであろう。

敏達天皇との間には二男五女が生まれ、第一子は菟道貝鮹皇女《うじのかいだこ》（厩戸皇子《うまやど》の妻）、第二子が竹田皇子、もう一人の男子の尾張皇子《おわり》は第五子であったとされる（『日本書紀』敏達天皇五年〈五七六〉三月戊子〈十日〉条）。敏達天皇と推古天皇の婚姻は、二人とも父は欽明天皇であり、異母兄妹婚である。

これまで述べてきた王統の原理からすると、敏達天皇の後に、その王統を継承するべき血統にあるのは、右の竹田皇子と尾張皇子の二人しか存在しない。しかし、実際は、両皇子とも即位してはいないのである。

敏達天皇が死去したのは、西暦にして五八五年であるが、その時に即位したのは用明天皇（敏達天皇の異母弟、母は蘇我堅塩媛《きたしひめ》）であり、さらにその二年後の五八七年に用明天皇が死去すると、今度は崇峻天皇（同じく敏達天皇の異母弟、母は蘇我小姉君《おあねのきみ》）が即位したのであった。

用明天皇と崇峻天皇

用明天皇と崇峻天皇の即位は、いずれも王統の原理からはずれた即位ということになるが、両大王は、竹田皇子ないし尾張皇子への「中継ぎ役」の大王とみてよいであろう（河内祥輔、前掲書）。両大王の時代は、政治的に不安定な混乱した状況にあったが、このことも、基本的には右の両大王の性格に由来する

系図9　推古朝前後の王統譜

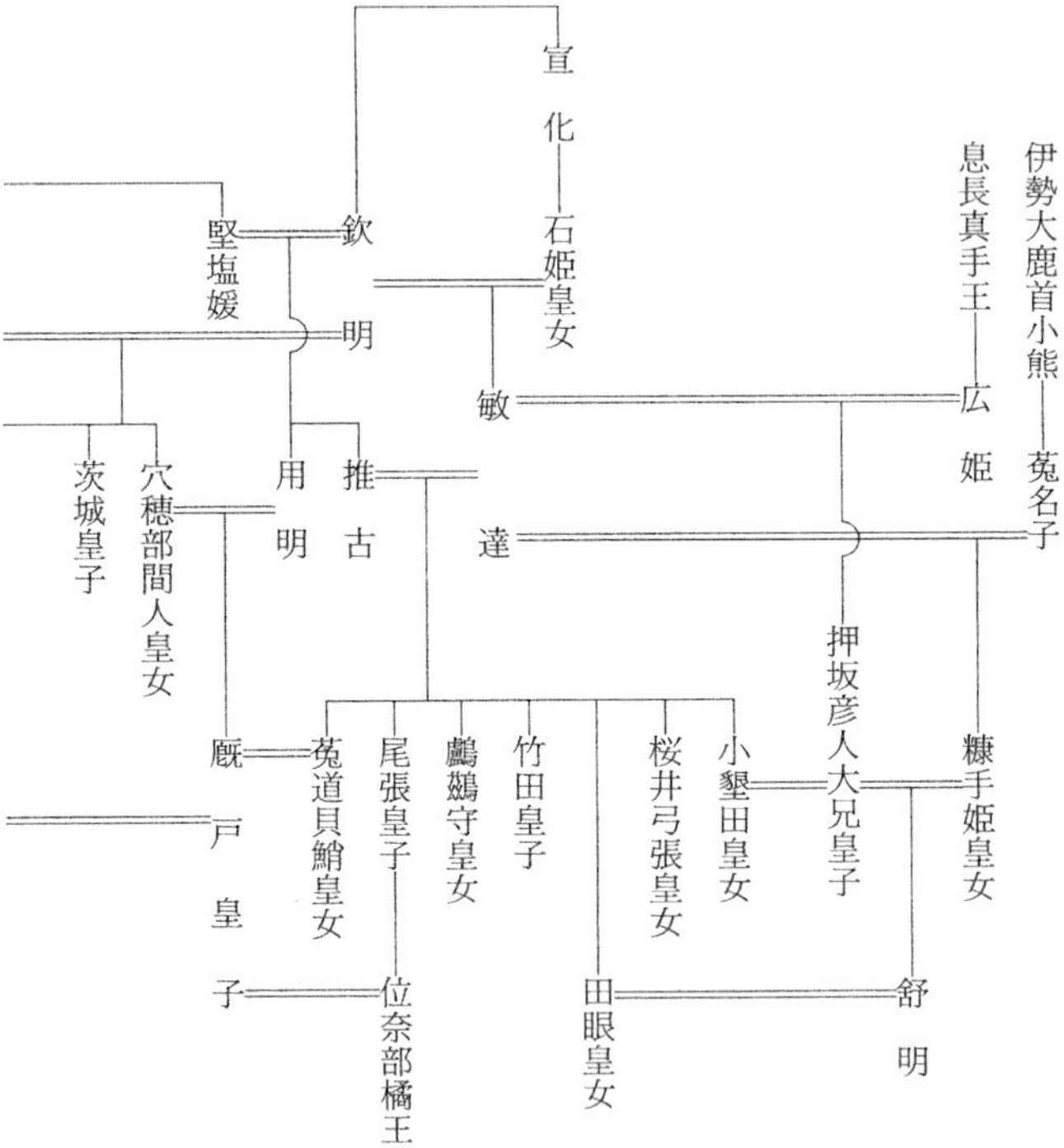

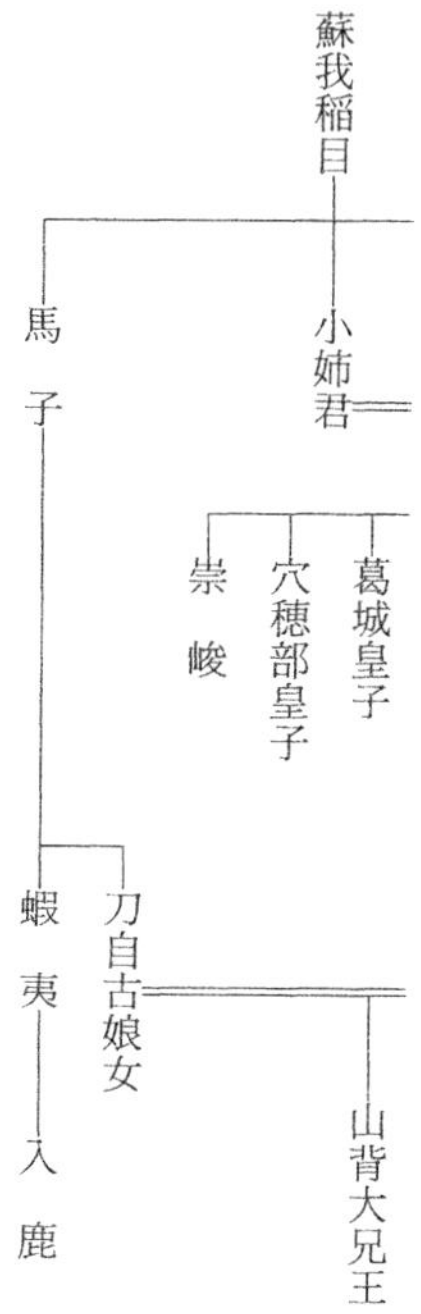

と考えられる。『日本書紀』によれば、この間に次のような諸事件がおきている。

用明天皇元年〈五八六〉五月。穴穂部皇子（崇峻天皇の同母兄）は、敏達天皇の殯宮《もがりのみや》に濫入し、殯宮にいる大后（推古天皇）を奸《おか》そうとしたが、三輪君逆《みわのきみのさかう》によってはばまれた。これに怒った穴穂部皇子は、逆を殺害しようとしたが、同時にそれを口実に大王の位につこうとし、大連《おおむらじ》の物部守屋と結び用明天皇の宮を囲んだ。逆はそれを知って宮を出たが、穴穂部皇子の命をうけた守屋によって斬殺された。

同二年（五八七）四月。用明天皇は病気となり、仏教に帰依しようとして群臣に諮《はか》ったが、物部守屋と中臣勝海はそれに反対し、大臣《おおおみ》の蘇我馬子は天皇を支持した。守屋は、河《かわ》内《ち》の渋川《しぶかわ》・阿都《あと》に退いて兵を集めた。勝海も守屋を助けようとして兵を集め、さらに押坂彦人大兄皇子と竹田皇子との像を作って呪詛《じゅそ》した。用明天皇は病いから回復せず、この月に亡くなった。

同年五月。穴穂部皇子を擁立しようとする守屋の謀反が発覚し、馬子は大后（推古天皇）の意を奉じて兵をおこし、穴穂部皇子を討った。

同年七月。馬子は、泊瀬部《はつせべ》皇子（崇峻天皇）・竹田皇子・厩戸皇子らをおしたてた軍を組織し、守屋討伐にむかい、激戦のすえついに守屋を滅ぼした。

同年八月。大后（推古天皇）と群臣のすすめにより、崇峻天皇が即位した。

崇峻天皇五年（五九二）十一月。馬子は、東漢直駒《やまとのあやのあたいこま》をして、崇峻天皇を暗殺させた。

以上が、『日本書紀』に記すこの間の事件の概要であるが、用明天皇の病死については暗殺説もあり、この二人の大王は、それ以前の欽明天皇や敏達天皇に比べて、大王としての権威・権力に欠けている印象をうける。両大王については、『日本書紀』に殯宮の記事がないのも注意されるところである。

「中継ぎ役」の大王であれば、ほかにもその候補者は多数存在していたはずであり、穴穂部皇子もその一人である。本来大王の位につくべき人物が大王でなかったがために、右のような争乱がおきたとみるべきであろう。この間、王族の中で最高の権力を有していたのは、『日本書紀』の記述による限り、大王ではなく大后（推古天皇）であったと考えられる。

竹田皇子と尾張皇子

それではなぜ、二度にわたって王統の原理にかなった竹田皇子、ないしは尾張皇子の即位が見送られたのであろうか。その理由は、当時の両皇子の年齢にあったとみてまちがいないであろう。敏達天皇と推古天皇との結婚が五七一年のことであれば、その第二子の竹田皇子、第五子の尾張皇子は、用明天皇即位時の五八五年、崇峻天皇即位時の五八七年において、未成人であったことは明らかである。もっとも、当時、何歳以上を成人とみとめていたかは、必ずしもはっきりしないのであるが、次の諸点からすると、二十歳が目安とされていたようである。

まず、厩戸皇子、中大兄皇子、草壁皇子の立太子時の年齢がいずれも二十歳であること。これらの立太子記事を『日本書紀』編者の作文とする見解をとるとしても、その場合は、そのような作文をした編者の認識から、二十歳を成人の年齢とみていたことがうかがえるであろう。

また、斉明天皇四年（六五八）に、当時十九歳となった有間《ありま》皇子（孝徳天皇の子）が、謀反を企て処刑されるという事件がおきたが、『日本書紀』の本文には、その時有間皇子は「吾《あ》が年始《とし》めて兵《いくさ》を用ゐるべき時なり」と述べたとあり、一書には、ある人が皇子をいさめて、「可《よ》からじ。計《はか》る所《ところ》は既《すで》に然《しか》れども、徳無《いきおいな》し。方《まさ》に今《いま》皇子、年始めて十九。未《いま》だ成人《ひととなる》に及《いた》らず。成人に至りて、其《そ》の徳を得《う》べし」と述べたと記されている。十九歳という年齢が、成人直前の年齢であったことを示す記述といえよう。

そして、令の規定では、二十一歳から六十歳までの男子が正丁《せいてい》とされ、蔭位《おんい》の制が適用されるのも二十一歳とされていること。この点も参考になるであろう。

とすると、竹田皇子と尾張皇子は、用明天皇・崇峻天皇の即位時だけでなく、崇峻天皇が殺害された時点（五九二年）においても、なお二十歳以下であり、成人には達していなかったことになる。また、この時点では、両皇子はすでに生存していなかったことも考えられる。

竹田皇子については、用明天皇元年（五八六）に中臣勝海の呪詛の対象とされていること、同二年に馬子の守屋討伐軍に参加していることなどから、その当時の生存は確認できる。また推古天皇三十六年九月戊子（二十日）条に、推古天皇は竹田皇子の陵《みささぎ》に合葬せよと遺詔したとあることから、天皇よりも先に死去していることも確かである。用明天皇二年以降、『日本書紀』にその生存を示す記事がみえなくなることからすると、その後まもなく死去したとみるのが妥当であろう。なお、中臣勝海の呪詛といい、推古天皇の遺詔といい、本来は竹田皇子が王統を継ぐべき存在であったことを示しているとも考えられよう。

一方、尾張皇子については、『日本書紀』に、系譜記事を除いて一切その名が登場しないのである。幼くして死去した可能性もあるが、『上宮聖徳法王帝説《じょうぐうしょうとくほうおうていせつ》』に、厩戸皇子の妻の一人の位奈部橘《いなべのたちばな》王の父として尾治《おはり》王の名がみえており、この尾治王と同一人であれば、推古朝に入ってもしばらく生存していたことが推定される。ただ、そうであったならば、尾張皇子は、大王としての力量に明らかに欠けると判断されていたのではなかろうか。血統的には王統を継ぐべき位置にあっても、必ずしも王統の担い手とはみなされなかったのである。

推古天皇の即位

崇峻天皇の暗殺時に、もし竹田皇子が生存していたとすれば、推古天皇の即位は、竹田皇子が未成人であったための「中継ぎ」と考えられる。そしてその場合は、厩戸皇子の立太子は推古天皇元年のことではなく、竹田皇子が死去した後（尾張皇子も、その力量に問題がなかったならば、その尾張皇子も死去した後）のこととしなければならない。しかし、厩戸皇子の元年立太子を疑う積極的理由がなく、竹田皇子が用明天皇二年の後のまもないころに死去していた可能性が高いのであれば、推古天皇の即位は、厩戸皇子に王位を伝えるための「中継ぎ」ということになる。

「中継ぎ」の大王を立てる場合、前大王の大后を立てるという方法は、用明天皇や崇峻天皇のような、多くの候補者の中から誰かを立てるという方法と比べ、王位をめぐる争いを回避するという意味で、すぐれた方法である。推古女帝が登場した理由はここに求められるのであり、以後、王統の原理にかなった継承者が未成人であった場合に、前大王の大后が、その王統を維持するため、「中継ぎ」として即位するという方法がとられるようになったと考えられる。「中継ぎ」の大王として男帝を立てた場合は、本来の王統とは別に、その王の血統も生じてしまうことになるが、前大王の大后を立てた場合は、もちろんその心配もいらないのである。

そして「中継ぎ」の大王であったとしても、当然、大王としての力量はそなえていることが必要とされたであろう。大后を立てるという方法は、その点でもふさわしい方法であったということができる。つまり、大后は、大王を補佐し、王権を分掌して政治にあたっていたのであり、その体験からして、当然、大王としての力量はそなえていたと考えられるからである。

推古天皇の場合、『日本書紀』の厩戸皇子の立太子記事には、「万機《よろずのまつりごと》を以て悉《ことごとく》に委《ゆだ》ぬ」とあるが、同じ『日本書紀』に、推古天皇自身の意志によって新羅《しらぎ》への出兵が行われたとする記事（推古天皇八年二月条）も載せられている。前章でも述べたが、推古朝の政治は、『上宮聖徳法王帝説』にあるとおり、主権者たる推古天皇を、太子の厩戸皇子と大臣の蘇我馬子が補佐した、というのが実態であったとみるべきである。

厩戸皇子の立太子

ところで、厩戸皇子の立太子は、竹田皇子の死により、欽明天皇―敏達天皇―竹田皇子と続いてきた王統がとだえたための立太子であった。それまでの王統にかえて、用明天皇―厩戸皇子の直系が新たな王統に定められたのである。厩戸皇子が新たな王統の担い手に選ばれた理由は、二点であろう。一つは、用明天皇と穴穂部間人皇女《あなほべのはしひと》との異母兄妹婚による所生子であった点、いま一つは、執政者としての力量が評価された点である。

そして、そうであるならば、なにゆえ厩戸皇子自身が即位しなかったのか、という疑問が生じるであろう。新しい王統がその正統性をみとめられるためには時間が必要であったとする説明（河内祥輔、前掲書）は、一つの解答として注目できるものである。太子に立てられたということは、すでに新しい王統がある程度みとめられていたことを示してはいるが、なお十分な正統性を獲得するために、厩戸皇子は太子として政治的力量を示す必要があったのかもしれない。

しかし、厩戸皇子がすぐに即位しなかった理由は、むしろ、崇峻天皇暗殺時における十九歳という年齢にあったとみるべきであろう。当時の大王は、大王たるべき十分な年齢に達していることが要求されていたのである。

厩戸皇子の死

厩戸皇子、すなわち聖徳太子の実像については、『日本書紀』の編纂段階においてすでに、聖徳太子を聖人とする考え（聖徳太子信仰）が成立していたようであり、『日本書紀』の記述から、それをうかがうのは困難である。ただ、厩戸皇子が太子に立てられたこと、そしてそれにもかかわらず、推古天皇よりも先に死去したために即位できなかったこと、これらの点は事実とみてよいであろう。

厩戸皇子の死去した年月日については、『日本書紀』には、推古天皇二十九年（六二一）二月五日のこととするが、天寿国繡帳《てんじゆこくしゆうちよう》銘や法隆寺《ほうりゆうじ》金堂の釈迦《しやか》像光背銘などには、推古天皇三十年の二月二十二日とされている。ふつうは後者が正しいと考えられているが、どちらも作られた日付である可能性も否定できない。

大山誠一氏は、『日本書紀』の二月五日が中国の高僧玄奘《げんじよう》（三蔵法師）の死去した日と一致すること、天寿国繡帳銘などにいう二月二十二日が、法隆寺で光明皇后主宰の法華《ほけ》経《きょう》講読の法会《ほうえ》が行われた天平八年（七三六）二月二十二日と一致することに注目されている（大山誠一『長屋王家木簡と金石文』吉川弘文館、一九九八年）。たしかに、日付についてては疑わしいのであるが、厩戸皇子の死が推古天皇の二十九年、三十年のころであった点は、事実とみとめてさしつかえないであろう。

当時は、大王は終身が原則であったため、推古天皇は「中継ぎ」であったにもかかわらず、その役目を果たすことはできなかったのである。「中継ぎ」の大王が確実にその役目を果たすためには、生前に譲位しなければならないが、譲位が行われるようになるのには、それなりの歴史的経過を必要としたのであり、この点については後に述べることにしたい。

厩戸皇子の死は、改めて、どの直系を王統に立てるか、という問題を生じさせたはずである。

舒明天皇の即位

推古天皇の「遺詔」

『日本書紀』の舒明天皇即位前紀には、推古天皇の死後、王位をめぐって、群臣の間で田村《たむら》皇子（舒明天皇）を推す意見と山背《やましろの》大兄《おおえ》王を推す意見にわかれたこと、大臣の蘇我蝦夷《えみし》と山背大兄王との間に何度かにわたる使者の往来があったこと、山背大兄王を推す境部摩理勢《さかいべのまりせ》（蝦夷のオジ）が蝦夷によって討たれたこと、などが詳細に述べられている。

また、そこでは推古天皇の「遺詔《いしょう》」が大きく扱われているが、これは推古天皇三十六年三月壬子（六日）条にも記事があり、死の床にあった推古天皇が、舒明天皇と山背大兄王のそれぞれに、別々の言葉を伝えたことが記されている。すなわち、舒明天皇に対しては、

「天位《たかみくら》に昇りて鴻基《あまつひつぎ》を経《おさ》め綸《ととの》へ、万機《よろずのまつりごと》を馭《しら》して黎元《おおみたから》を亭育《やしな》ふことは、本《もと》より輙《たやす》く言ふものに非《あら》ず。恒《つね》に重《おも》みする所なり。故《かれ》、汝《いまし》慎《つつし》みて察《あきらか》にせよ。軽《かるがる》しく言ふべからず」といったとあり、山背大兄王に対しては、「汝は肝稚《きもわか》し。若《も》し心に望むと雖《いうと》も、諠《とよ》き言ふこと勿《まな》。必ず群《まえつきみたち》の言《ことば》を待ちて従ふべし」といったとされる。

この「遺詔」が事実であったとするならば、推古天皇は、舒明天皇の方を推していたようではあるが、はっきりとそのことは述べずに、後継者の決定については群臣の判断にまかせた、ということができよう。厩戸皇子の死後、容易には新しい王統が定められなかった様子がうかがえるのである。

舒明天皇即位前紀の記述

舒明天皇即位の経過については、即位前紀に示す順序どおり、はじめは群臣の意見がわかれたが、山背大兄王を推す摩理勢が討たれたことによって、舒明天皇の即位が決定した、とみるのがふつうである。これに対して、はじめてこの即位前紀に本格的史料批判を加えられた門脇禎二氏は、摩理勢討伐の記事は時間的には群臣の意見がまとまらなかったとする記事の前に置いて読むべきであり、蝦夷が摩理勢を討ったことによって舒明天皇の即位が決定したとみるのはあやまりであるとされた（門脇禎二、前掲書）。即位前紀を読む順序については、通説を妥当とするべきであるが、蝦夷の意向によって舒明天皇の即位が決定したように解するのは、門脇氏の説かれるとおりあやまりであろう。

舒明天皇即位前紀に記すところの概要は、次のとおりである。

①推古天皇三十六年九月、天皇の葬礼を終えたが、いまだ嗣位は決定していなかった。

②この時にあたって、大臣蘇我蝦夷は、独断で嗣位を定めようとしたが、群臣が従わないのをおそれ、阿倍臣麻呂《あべのおみまろ》と議して群臣を自宅に招き、推古天皇の遺詔を示して、田村皇子と山背大兄王のいずれを天皇にすべきかを問うた。大伴連鯨《おおとものむらじくじら》・采女臣摩礼志《うねめのおみまれし》・高向臣宇摩《たかむくのおみうま》・中臣連弥気《みけ》・難波吉士身刺《なにわのきしむさし》の五人は、遺詔に従って田村皇子を天皇にすべしと答えたが、許勢臣大麻呂《こせのおみおおまろ》・佐伯連東人《さえきのむらじあずまひと》・紀臣塩手《きのおみしおて》の三人は山背大兄王を推し、蘇我臣倉麻呂《くらまろ》は態度を保留した。蝦夷は群臣の意見がまとまらなかったため、嗣位を決定することができなかった。

③これより先、蝦夷は境部摩理勢に問うたところ、摩理勢は山背大兄王を天皇にと答えた。

④この時、山背大兄王は斑鳩《いかるが》宮に居て、この議を漏れ聞き、三国王《みくにのおおきみ》・桜井臣和慈古《さくらいのおみわじこ》を蝦夷のもとに遣わし、田村皇子を天皇に立てようとしているとのことであるが、叔父

（蝦夷）の真意を知りたいと問うた。蝦夷は一人で答えることができず、阿倍臣・中臣連・紀臣・河辺臣《かわべのおみ》・高向臣・采女臣・大伴連・許勢臣らを呼び、山背大兄王の言葉をつぶさに伝えた。

⑤やがてまた、蝦夷はその大夫らを斑鳩宮に遣わし、田村皇子を天皇にというのは私意によるのではなく、推古天皇の遺詔に従った群臣の意向であると伝えた。山背大兄王は使いの大夫らに、推古天皇の遺詔とはどのようなものかたずね、大夫らは蝦夷から聞いた遺詔を答えた。山背大兄王はその遺詔は私の聞いたところと少し違うと述べ、推古天皇から遺詔をうけた時の様子やその内容などを詳しく伝え、私は皇位に執着しているのではなく、遺詔の内容を正しく知りたいだけであると述べた。

⑥一方、泊瀬仲《はつせのなか》王は、中臣連と河辺臣を呼び、我ら父子は蘇我から出、それを頼りにしている、嗣位のことはたやすくいわないでほしいと語った。

⑦山背大兄王は、三国王・桜井臣を大夫らに副えて蝦夷のもとに遣わし、返事を求めた。蝦夷は、先に申したとおりであり、ある王を軽んじある王を重んじるというようなことはしていないと答えた。

⑧数日後、山背大兄王はまた桜井臣を遣わして、「先日之事、陳レ聞耳。寧違二叔父一哉」

と伝えた。蝦夷は翌日、嗣位のことは私意によるものではない旨を答えた。

⑨一方、蝦夷は再び摩理勢に、誰を天皇にしたらよいかとたずねたが、摩理勢はすでに答えたとして大いに怒り、蘇我馬子の墓を一族で造営していたのを妨害した。蝦夷も怒り、逆心をおこすなと伝えたが、摩理勢はなお従わずに泊瀬王（泊瀬仲王）の宮に住んだ。

⑩蝦夷は大夫らを山背大兄王のもとに遣わし、摩理勢の身柄の引き渡しを求めた。山背大兄王は、摩理勢を咎めないようにと伝えるとともに、摩理勢に対しては、蝦夷に逆らうことはできないから、意を改めて群臣に従うよう諭した。大夫らもまた、摩理勢に山背大兄王の言に従うことを説いた。摩理勢はよるべきところを失い家に帰ったが、十日あまり後、泊瀬王が病死した。

⑪蝦夷は摩理勢討伐の軍をおこし、覚悟を決め軍の至るのを門前で待っていた摩理勢とその子の阿椰《あや》を殺害した。摩理勢の長男の毛津《けつ》のみは尼寺に逃げ隠れたが、寺を囲まれ、畝傍《うねび》山に入って自殺した。

舒明天皇即位の経過

門脇氏は、③の冒頭に「先レ是」（これより先）とあることから、③以降のすべてを②より前のこととして読むべきであるとされたのであるが、⑤に、大夫らが蝦夷から聞いた推古天皇の「遺詔」を山背大兄王に答えたとあることは、明らかに⑤が②よりも後であることを示している。⑤は④に続く記事であるから、②に先行する部分は、③のみとしなければならない。

しかし、そうであるからといって、舒明天皇即位前紀を、蝦夷が摩理勢を討ったことによって舒明天皇の即位が決定したと読むのが正しいということではない。なぜならば、蝦夷と摩理勢の対立が決定的となった⑨・⑩の段階においては、すでに群臣の意見が舒明天皇を擁立することに一致しており、山背大兄王もそれを了承していたことが、この間の叙述から推定されるからである。蝦夷が摩理勢を討ったのは、摩理勢が山背大兄王を推していたから、というよりは、蘇我氏の一族内における族長権争いのため、とみるべきであろう。蘇我馬子が死去したのは、『日本書紀』によれば推古天皇三十四年（六二六）のことであり、その後は、馬子の子の蝦夷が、大臣の地位を継承していたと考えられる。馬子の弟の摩理勢は、それを不服としていたのであろう。

それでは、分立していた群臣の意見は、どの段階で調整されたのであろうか。⑤には、蝦夷が、舒明天皇を天皇に立てるというのは私意によるものではない、と山背大兄王に伝えるよう大夫らを遣わしたとあるが、その大夫らの中に、②の段階で山背大兄王を推していた紀臣塩手と許勢臣大麻呂が含まれていることは注意される。つまりこの時には、右の二人も舒明天皇を推すことに同意していたと考えられるのである。群臣の意見は、④において、蝦夷が山背大兄王の問いに一人で答えることができず再び大夫らを集めたとある、その時に調整された、とみるのが妥当であろう。

舒明天皇即位の経過については、『聖徳太子伝暦《しょうとくたいしでんりゃく》』（聖徳太子の伝記。藤原兼輔《かねすけ》著、九一七年成立ともいわれるが、未詳）や『扶桑略記《ふそうりゃっき》』（神武天皇から堀河《ほりかわ》天皇までの歴史書。皇円《こうえん》著、平安時代末期の成立）にも記事があり、両書とも、摩理勢が討たれる前に舒明天皇の即位が決定していたこと、そして摩理勢のみが群臣の合議に従わず山背大兄王を立てようとしていたこと、を述べている。

一方、山背大兄王が舒明天皇の即位を了承した段階であるが、これについては⑧の段階とみるのが妥当と考えられる。「先日之事、陳レ聞耳。寧違二叔父一哉」という山背大兄王の言葉を、日本古典文学大系本『日本書紀』（岩波書店、一九六五年）は、「先日《さき》の事は、聞きしことを陳《の》べつらくのみ。寧《むし》ろ叔父《おじのおきな》に違《たがい》あるにや」と訓むが、「寧違二叔父一哉」の頭注には、「このところ『イヅクニゾ叔父ニ違ハムヤ』と訓んで、『どうして叔父さんに対して異論を持つことがありましょう』とも解せるようである」としている。⑩の段階では山背大兄王はすでに王位を断念していたことがうかがえるのであるから、これは頭注の訓みに従うべきであろう。はじめは王位に執着していた山背大兄王も（④・⑤）、「遺詔」と群臣の合意を盾に蝦夷が態度をかえなかった（⑤・⑦）ために、王位を断念した（⑧）、というのがこの間の叙述の大筋であろう。

舒明天皇即位前紀の信憑性

以上、舒明天皇即位前紀は、③→①②→④以降という時間的前後関係で読むべきであり、②の段階では分立していた群臣の意見も、④の段階では舒明天皇を推すことで調整がつき、⑧の段階では山背大兄王もそれを了承した、と解釈すべきであることを述べた。次に問題となるのは、その記事内容の信憑性である。

まず、即位前紀のすべてを『日本書紀』編者の作文とみるのは、その記事内容・登場人物の具体性からして無理であろう。即位前紀の基になる諸資料・伝承が存在したことは、まちがいないと考えられる。

ただ、この即位前紀が異例の長文になっていること、そして舒明天皇が天智天皇・天武天皇の父であり『日本書紀』編纂段階の皇統の祖にあたることからすると、そこには、舒明天皇の即位の正当性を主張しようとする『日本書紀』編者の意図が想定されるであろう。しかし、即位前紀の大筋に関していうならば、そのような編者の意図に沿った作為があったとは考え難い。はじめは群臣の意見がまとまらなかったというような記述は、舒明天皇即位の正当性を主張するためには逆効果であろう。

また、聖徳太子信仰にもとづき、その子の山背大兄王の言動を美化しようとする方向での作為がなされたことも想定してみなければならない。実際、⑩にみえる山背大兄王の言葉には、その方向での文飾が加えられている可能性が高い。しかし、④・⑤では、山背大兄王が王位に執着していた様子が描かれているのであり、この場合も、大筋については作為はなかったとするべきであろう。

舒明天皇即位前紀の大筋は、『聖徳太子伝暦』や『扶桑略記』の記述とも一致しているのであり、ほぼ事実を伝えたものとみてよいと考えられる。そして、そうであるならば、舒明天皇の即位を決定したのは、推古天皇の「遺詔」を考慮したうえでの、蝦夷を含めた群臣（大夫ら）の合意にあったといえるのである。

さてそれでは、なにゆえ舒明天皇と山背大兄王の二人が、王位継承者（王統の担い手）の候補者とされたのであろうか。

舒明天皇と山背大兄王

まず、山背大兄王については、厩戸皇子の子であり、用明天皇―厩戸皇子の直系であったことによると考えられる。先に述べたように、厩戸皇子の立太子の段階で、厩戸皇子の直系が新たな王統に定められたのであり、厩戸皇子の後は、その子が王位を継承することになったからである。ただ、山背大兄王は、蘇我馬子の女の刀自古郎女《とじこのいらつめ》を母とするのであり、近親婚による所生子ではなかった。厩戸皇子も、もちろん近親婚は行っているのであり、敏達天皇と推古天皇との間に生まれた菟道貝鮹皇女《うじのかいだこ》を妻としているが、その間に子はなかったのである。また、位奈部橘王も王家の女性であるが、この婚姻は厩戸皇子の晩年のことと推定され、その間の男子である白髪部王《しらかべ》は、厩戸皇子死去の時点では、幼少であったとみてまちがいない。そこで厩戸皇子の長男であり、厩戸皇子の女である舂《つき》米《しね》女王を妻とする（異母兄妹婚を行っている）山背大兄王が、厩戸皇子の後継者（上宮王家の長）となっていたのであろう。

一方、舒明天皇であるが、天皇は、敏達天皇と広姫との間に生まれた押坂彦人大兄皇子を父とするのであり、竹田皇子とは系統を異にするが、敏達天皇の直系である。厩戸皇子

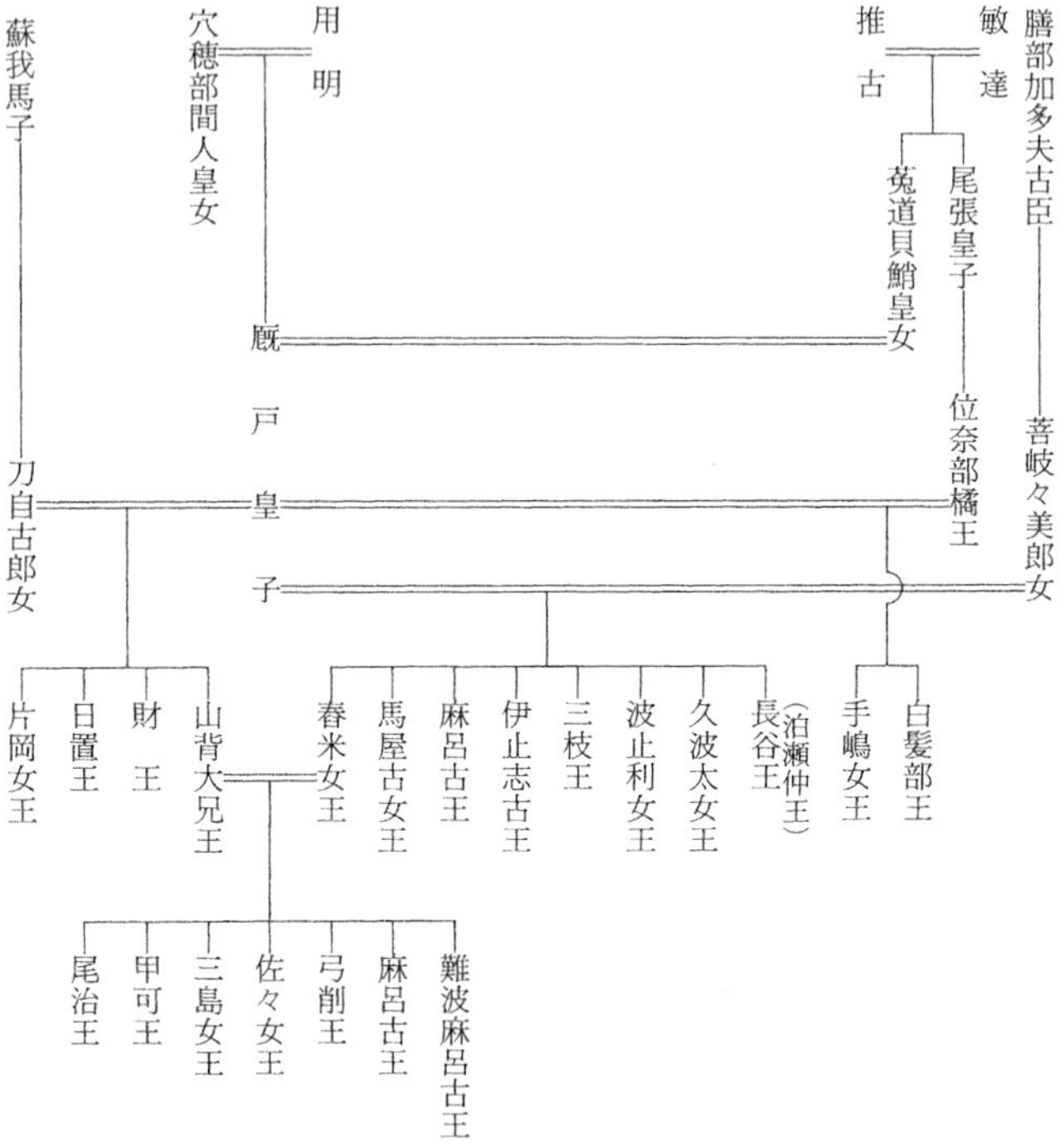

系図10　厩戸皇子関係系図

の死後、王統を敏達天皇の直系にもどそうとした場合、その血統にあたるのが舒明天皇であった。父の押坂彦人大兄皇子の生没年は不詳であるが、厩戸皇子が死去した時には、すでに生存していなかったと推定される。

そして、舒明天皇の場合は、母が敏達天皇の女の糠手姫《あらてひめ》皇女であること、すなわち異母兄妹婚による所生子であったことにも注意しなければならない。結局は舒明天皇ということで群臣の合意がえられたのも、この点によるところが大きかったと考えられるのである。

山背大兄王と舒明天皇の二人が候補者とされた理由については、蘇我氏との関係や、蝦夷の意向によって説明されることも多い。山背大兄王は馬子の女の刀自古郎女を母としていること、舒明天皇は蘇我氏の血は引かないが、同じく馬子の女の法提郎媛《ほうてのいらつめ》を妻とし、その間に古人大兄皇子をもうけていたこと、これらの点を重視した説明である。

しかし、新しい王統を定めるという重大問題は、蘇我氏や蝦夷個人の意向で決定できるような問題ではなく、舒明天皇即位前紀に記されるとおり、群臣の合意を必要としたのであった。

宝皇女の立后

また、舒明天皇の婚姻に関しては、法提娘媛との婚姻よりも、宝《たから》皇女（皇極・斉明天皇）との婚姻が重視されなければならない。『日本書紀』

によれば、舒明天皇二年（六三〇）に、宝皇女が「皇后」（大后）に立てられたとされている。

舒明天皇と宝皇女の年齢については、『日本書紀』に記載はないが、『本朝皇胤紹運録《ほんちょうこういんじょううんろく》』（皇室系図、洞院満季《とういんみつすえ》撰、一四一六年成立）によれば、舒明天皇は推古天皇元年（五九三）の生まれであり、宝皇女はその一つ年下である。これが正しければ、宝皇女の立后時において、舒明天皇は三十八歳、宝皇女は三十七歳であったことになる。ただし、両者が結婚したのは、これよりだいぶ前のことである。両者の間には、中大兄皇子（天智天皇）、間人皇女《はしひと》（孝徳天皇の大后）、大海人皇子（天武天皇）の三人が生まれているが、第一子の中大兄皇子は、舒明天皇が亡くなった時（六四一年）に十六歳であったとされるから（『日本書紀』舒明天皇十三年十月丙午〈十八日〉条）、推古天皇三十四年（六二六）の生まれである。したがって、舒明天皇と宝皇女との結婚は、それより一、二年前の推古天皇三十二、三年のことであったと推定される。とすると、両者は、厩戸皇子の亡くなった直後に結婚したことになるが、このことは、厩戸皇子の死により舒明天皇がにわかに王統の担い手の候補者としてクローズアップされてきたことと、無関係ではないであろう。

舒明天皇の妻としては、宝皇女のほかに、先にも述べた法提娘媛と、吉備《きび》地方出身の蚊《か》屋采女《やのうねめ》の名が、『日本書紀』の后妃記事（舒明天皇二年五月戊寅〈十二日〉条）にみえる。また、敏達天皇五年（五七六）三月戊子（十日）条によれば、敏達天皇と推古天皇との間に生まれた田眼《ため》皇女も、舒明天皇に嫁したとされる。ただ田眼皇女は、后妃記事に名がみえないことからして、舒明天皇の即位以前に死去していた可能性が高く、両者の間に子がなかったことは確かであろう。

宝皇女は、斉明天皇即位前紀に、「初《はじめ》に橘豊日《たちばなのとよひ》天皇（用明天皇）の孫高向《たかむく》王に適《みあい》して、漢《あや》皇子を生《あ》れませり」とあるように、舒明天皇との結婚は再婚であった。厩戸皇子の死により、あえて舒明天皇の妻に迎えられたというべきであろう。宝皇女の父は押坂彦人大兄皇子の子の茅渟《ちぬ》王であるから、その婚姻はオジメイ婚である。舒明天皇にとって、王統の担い手となるためには、近親婚を行い、その間に男子をもうけることが必要とされたのであろう。

ようするに、宝皇女の立后は、舒明天皇の即位の合意がえられた段階で、すでに決定していたのであり、その間に中大兄皇子が生まれていたということは、やがてはその中大兄皇子に王位が継承されるべきであるという点も、群臣の合意に含まれていたと考えられるのである。

上宮王家滅亡事件

皇極天皇の即位

舒明《じょめい》天皇十三年（六四一）に天皇が死去した時、王統を継承すべき中大兄皇子は、いまだ十六歳であった。十六歳では成人とはみとめられなかったため、中大兄皇子への「中継ぎ」として、大后の宝《たから》皇女（皇極《こうぎょく》天皇）が即位したのである。推古女帝についで、二人目の女帝であった。

女帝の即位については、複数の王位継承候補者がおり、容易に一人に決定しえない場合に、とりあえずの措置として女帝が即位したとする説もある。誰か一人を大王に立てると、それを支持する勢力と不服とする勢力との間で争いがおこりかねない状況にあり、その争いを回避するための即位とするのである。皇極女帝の場合でいえば、中大兄皇子のほかに、その異母兄の古人大兄皇子、かつて舒明天皇とともに候補者とされた山背大兄王、そして皇極天皇の弟である軽《かる》皇子（孝徳天皇）などが、候補者であったとされる。

たしかに、その後の政治過程をみると、そのような見方も生ずるのかもしれない。皇極天皇二年（六四三）には山背大兄王とその一族が滅ぼされ（上宮王家滅亡事件）、その二年後には、蘇我蝦夷《えみし》・入鹿《いるか》父子が討たれて（乙巳《いっし》の変）軽皇子が即位し、古人大兄皇子が討たれているのであり、山背大兄王、軽皇子、古人大兄皇子らが王位継承候補者であったようにも思われるからである。

しかし、こうした事件がおきたことは、女帝を立てても、王位をめぐる争いは回避できなかったことを示している。これらの事件については、このあと具体的にみていくが、中大兄皇子以外は、いずれも王統の原理からはずれた存在であり、正統な後継者は中大兄皇子であるという認識は、当時の群臣らの共通認識として存在していたと推定される。ただ、その中大兄皇子が未成人であり、「中継ぎ」の女帝の時代であったがゆえに（それだけが理由ではないことは後に述べる）、右のような事件がおきたと考えられるのである。

もちろん皇極天皇も、大王としての力量はそなえていたはずであるが、推古天皇ほどの指導力・統率力には欠けていたようである。また、推古天皇の時は、厩戸皇子が太子に立てられ、王権を分掌していたのであるが、皇極天皇の場合には、その王権の分掌者・輔政者にも欠けていたのである。王権を強化し、政局を安定化するため、太子とは別の、皇極天皇を補佐する王族（王権の分掌者）が望まれたと推定されるが、そのような中で、軽皇子や山背大兄王が注目されるようになったのであろう。軽皇子や山背大兄王は、王位継承者として注目されたのではなかったが、王権の分掌者を一人に定めることができない状況もまた、政局の不安定化の原因になったと考えられるのである。

一方、『日本書紀』の皇極天皇元年（六四二）正月辛未（十五日）条には、「皇后、即《あまつ》天皇位《ひつぎしろしめ》す。蘇我臣蝦夷を以て大臣とすること、故《もと》の如《ごと》し。大臣の児入鹿、更《また》の名は鞍作《くらつくり》。自《みずか》ら国《くに》の政《まつりごと》を執《と》りて、威《いきおい》父より勝《まさ》れり」とあり、皇極朝においては、蘇我入鹿が国政を執ったと記している。皇極紀には、いわゆる蘇我氏の「専横」を示す記事が多く、右の記述も文字どおりには受け取れないところがあるが、『藤氏家伝』上巻にも、「皇后、位《くらい》に即《つ》きたまひて、王室衰微《みかどおとろ》へて、政《まつりごと》君《きみ》に自《よ》らざりき」と書かれている。皇極女帝が即位し、輔政者たる王族を定めることができない状況の中で、入鹿が国政の中心人物となったということは、十分に考えられることである。

『日本書紀』に記す上宮王家滅亡事件

『日本書紀』には、山背大兄王とその一族を滅ぼしたのも、入鹿の独断によるとされている。『日本書紀』に記す上宮王家滅亡事件の経過は、およそ次のとおりである。

①皇極天皇二年十月十二日。蘇我入鹿は、独断で上宮の王たちを廃し、古人大兄皇子を天皇に立てようと謀った。

②同年十一月。入鹿は、巨勢徳太臣《こせのとこだのおみ》・土師娑婆連《はじのさばのむらじ》を遣わして、斑鳩《いかるが》の山背大兄王らを襲わせた（一書には、巨勢徳太臣と倭馬飼首《やまとのうまかいのおびと》を将軍としたとある）。

③山背大兄王の奴《やつこ》の三成《みなり》がよく防戦し、討伐軍はいったん退いた。山背大兄王は馬の骨を寝殿に投げ置き、妻子らを率いて逃げ、胆駒《いこま》山に隠れた。三輪文屋君《みわのふんやのきみ》らが従者としてしたがった。巨勢徳太臣らは、斑鳩宮を焼き、灰の中の骨を見て山背大兄王が死んだと思い、囲みを解いて引きあげた。

④三輪文屋君は、東国におもむき乳部《みぶ》（壬生部《みぶべ》）をもとに軍をおこして戦うことをすすめたが、山背大兄王らは、「卿《いまし》が噵《い》ふ所の如くならば、其の勝たむこと必ず然《しか》らむ。但《ただ》し吾が情《こころ》に冀《ねが》はくは、十年《ととせ》百姓《おおみたから》を役《つか》はじ。一《ひとつ》の身の故《ゆえ》を以て、豈《あに》万民《おおみたから》を煩労《わずら》はしめむや。又後世《のちのよ》に、民の吾が故に由《よ》りて、己が父母を喪《ほろぼ》せりと言はむことを欲《ほ》り

せじ。豈其れ戦い勝ちて後に、方《まさ》に丈夫《ますらお》と言はむや。夫《そ》れ身を損《す》てて国を固《かた》めば、亦《また》丈夫にあらずや」といって、戦おうとはしなかった。

⑤上宮の王たちが胆駒山に生きていることを知った入鹿は、大いにおそれ、高向臣国押《たかむくのおみくにおし》に、王たちを捕えるよう命じたが、国押は、天皇の宮を守っていることを理由にことわった。入鹿は自ら行こうとしたが、古人大兄皇子があわててやって来て、「鼠《ねずみ》は穴に伏《かく》れて生き、穴を失ひて死ぬと」といってそれをとめた。入鹿は軍将らを派遣したが、捕えることはできなかった。

⑥やがて山背大兄王らは、胆駒山より帰って斑鳩寺に入り、軍将らはすぐに寺を囲んだ。山背大兄王は、「吾《われ》、兵《いくさ》を起《おこ》して入鹿を伐《う》たば、其《そ》の勝たむこと定《うつむな》し。然《しか》るに一《ひと》つの身の故に由《よ》りて、百姓を残《やぶ》り害《そこな》はむことを欲りせじ。是を以て、吾《わ》が一つの身をば、入鹿に賜ふ」といって、子弟や妻らとともに自殺した。

⑦その時、五色の幡《はた》・蓋《きぬがさ》、さまざまな妙《たえ》なる舞楽が大空に照りかがやいた。見た人が感嘆して入鹿に指し示したところ、それは黒雲にかわり、入鹿は見ることができなかった。

⑧大臣の蝦夷は、入鹿が山背大兄王らをことごとく滅したと聞くと、「噫《あ》、入鹿、極甚《はなはは》

だ愚癡《おろか》にして、専行暴悪《たくめあしきわざ》す。儞《い》が身命《いのち》、亦殆《あやう》からずや」と怒りののしった。

以上が『日本書紀』の記述の概要であるが、これらのすべてを事実の記録とみることはできない。③の馬の骨の話はいかにも説話風であり、④・⑥にみえる山背大兄王の言葉は、明らかに王を美化するための作文であろう。また、⑦も事実このようなことがおきたとは考えられないし、⑧はこの二年後に入鹿が討たれた結果を知ったうえでの造作であろう。

『日本書紀』の記述の信憑性

そして、①に入鹿が独断で山背大兄王らを廃そうとしたとあることも、入鹿を悪役とする皇極紀編者の作文とみてまちがいない。『藤氏家伝』上巻には、入鹿が「諸王子と共に謀りて」とあり、『上宮《じょうぐう》聖徳太子《しょうとくたいし》伝《でん》補闕記《ほけつき》』(聖徳太子の伝記。著者未詳、平安時代初期の成立)や『聖徳太子伝暦《でんりゃく》』には、入鹿のほかに軽皇子も加わった六人が「悪逆の計」をおこして、山背大兄王とその一族を滅したとされている。『藤氏家伝』の「諸王子」には、古人大兄皇子や軽皇子が含まれているのであろう。

これらの記述からすると、事件の中心人物は入鹿であったが、けっして入鹿の独断ではなかったことが明らかである。とくに、事件に、時の大王の弟である軽皇子が加わっていることは注意されるであろう。

なお、この事件がおきた年代については、皇極天皇二年のことではなく、それより一五年ほど前の、舒明天皇即位時の紛争中のこととする説も唱えられている。しかし、事件の中心人物が入鹿であり、それに軽皇子も加わっていたとするならば、舒明天皇即位時のこととするのは不自然であろう。入鹿がそのころすでに、このような事件の中心人物たりうる実力を有していたとは考え難いのであり、軽皇子は、姉の皇極天皇が即位したからこそ、その地位が上昇したと考えられるからである。『日本書紀』に限らず、上宮王家滅亡事件を伝える諸史料は、いずれも事件を「癸卯《みずのとのう》の年」(皇極天皇二年)のこととするのであり、この点は事実を伝えているとみてよいであろう。

上宮王家滅亡事件の背景

①によれば、入鹿は、山背大兄王らを廃して古人大兄皇子を大王に立てようとしたというのであるから、これが事実ならば、山背大兄王は、この段階においてなお有力な王位継承候補者であったことになる。しかし、右に述べたように、この部分は入鹿が独断で事件をおこしたことを示そうとした皇極紀編者の作文と考えられる部分である。入鹿が古人大兄皇子を擁立しようとしていたことは、おそらく事実であり、だからこそこのような作文も行われたのであろうが、①の部分を根拠に、当時、山背大兄王が有力な王位継承候補者であったとみることはできない。山背大

兄王は、輔政者として期待されるところはあったかもしれないが、山背大兄王とその一族が討たれた理由は、山背大兄王が有力な王位継承候補者であったからというのではなく、ほかに求められなければならないであろう。

皇極天皇の時代は、唐《とう》の対東方強硬政策により、高句麗《こうくり》・百済《くだら》・新羅《しらぎ》の朝鮮半島諸国が、その軍事的・政治的緊張を高めてきた時であった。高句麗では、六四二年に、泉蓋蘇文《せんがいそぶん》のクーデターがおこり、栄留《えいる》王を殺害して、その弟の子の宝蔵王を立てた蓋蘇文が、権力を集中的に握ることになった。百済でも、六四一年、義慈《ぎじ》王が即位した直後に内乱がおこり、親倭派（親日本派）の敗北したことが『日本書紀』の記事から推定される。そして新羅でも、六四七年、毗曇《ひどん》らが女王を廃そうとしたが失敗するという事件がおきている（新羅も当時は女帝であり、新羅には善徳《ぜんとく》王〈在位六三二～六四七〉、真徳《しんとく》王〈六四七～六五四〉、真聖《しんせい》王〈八八七～八九七〉の三人の女帝が登場した）。

朝鮮半島諸国でこれらの事件がおきた六四〇年代は、倭国においても、上宮王家滅亡事件（六四三年）、乙巳《いっし》の変（六四五年）、蘇我石川麻呂討滅事件（六四九年）と、政権争いがあいついだ時である。朝鮮半島諸国と倭国におけるこれらの事件は、それぞれに独自の事情の中でおきた事件ではあるが、いずれも、軍事的・政治的緊張の中で、強固な権力の集中体制・軍事体制が要請されるという共通した背景をもった事件でもあった。上宮王家滅亡事件も、このような事件の一つとして考えられなければならないであろう。

上宮王家滅亡事件の意味

とすると、注目されるのは、斑鳩という飛鳥の朝廷から離れた地にあり、大きな経済力をもっていたと考えられる上宮王家（仁藤敦史「『斑鳩宮』の経済的基盤」、『古代王権と都城』吉川弘文館、一九九八年、所収）の存在そのものである。上宮王家の一族全員が討たれたということは、それが王位をめぐる争いではなく、上宮王家の存在自体が問題であったことを示している。

上宮王家が所有していた乳部（壬生部）も、本来は太子の地位に与えられた部であり、厩戸皇子の死後は、朝廷に返還しなければならないものだったのであろう。『日本書紀』の皇極天皇元年是歳条には、蘇我蝦夷が上宮の乳部の民を自分らの墓の造営に使役し、それを上宮大娘姫王《かみつみやのいらつめのみこ》（舂米女王《つきしね》）が怒り嘆いたとする説話が載せられている。これは、蘇我氏の「専横」を示す作り話の一つであろうが、このような話が作られる背景には、右のような事情があったと推定される。

蘇我入鹿や軽皇子にとって、さらにいうならば皇極女帝を頂点とする飛鳥の朝廷にとって、権力の集中体制を構築するためには、斑鳩宮における上宮王家の存在は障害になると判断されたのであろう。上宮王家を討つことでは利害を一致させた入鹿や軽皇子ら、飛鳥の朝廷の構成者が、次に互いに対立しておこした事件が乙巳の変と考えられるのである。

なお、上宮王家滅亡事件の結果というのは正しくないであろうが、このころ、蘇我入鹿の主導のもとで、成人に達した、あるいはすでに達していたであろう古人大兄皇子が、太子に立てられたことが推定されるのである。古人大兄皇子は中大兄皇子の異母兄であり、中大兄皇子は皇極天皇二年の時点で十八歳であるから、このころには、それ以上の年齢にあったことは確かである。

古人大兄皇子の立太子のことは、すでに北山茂夫氏によって指摘されているところであり（北山茂夫『大化の改新』岩波書店、一九六一年）、「大兄制」の存在をみとめる立場からは、事件後に「大兄」の地位に立てられたとされる（門脇禎二、前掲書。山尾幸久、前掲書、など）。

古人大兄皇子は、『日本書紀』大化元年（六四五）九月戊辰（三日）条の分注に引く一書には、「古人太子」「吉野太子」と記されているのである。また、あとから述べるように、宮中で入鹿が殺害された時に、古人大兄皇子は皇極天皇とともにその場に臨席していたとされることや、皇極天皇から譲位の意向を伝えられた軽皇子が、はじめは古人大兄皇子に王位を継がせようとしたとされることなども（これらのこと自体は事実とは考えられないのであるが）、古人大兄皇子が太子に立てられていたことを示すものといえよう。

入鹿は、古人大兄皇子を擁し、高句麗の泉蓋蘇文と同様の権力集中体制を作ろうとしていたのであろうが、古人大兄皇子の立太子は、王統の原理を無視したものであり、群臣の合意をえたうえでの立太子とは考えられない。乙巳の変の前段階において、入鹿に対する反発・不満が高まっていたことは事実であろう。

乙巳の変と「大化」の新政権

「入鹿誅滅物語」

皇極天皇四年（六四五）六月、蘇我蝦夷・入鹿父子が討たれるという事件がおきた。事件の経過については、『日本書紀』と『藤氏家伝』に詳しい記述があり、両者の内容はほぼ一致している。両者の基になった「入鹿誅滅物語」の存在したことが指摘されているが（横田健一「大織冠伝と日本書紀」、『白鳳天平の世界』創元社、一九七三年、所収）、それはまさに、劇的に描かれた物語であったということができる。

以下、周知の話ではあるが、『日本書紀』の記述の概要を紹介し、必要に応じて『藤氏家伝』の記述も加えておくことにしたい。

①皇極天皇三年正月。中臣鎌子連《なかとみのかまこのむらじ》（中臣鎌足）を神祇《かみつかさのかみ》伯に任じようとしたが、鎌足は固辞して受けず、病と称して三嶋《みしま》に住んだ。そのころ、軽皇子（孝徳天皇）は、脚の病で朝廷に出仕していなかったが、鎌足は以前から軽皇子と親しかったので、その宮に詣でて侍宿しようとした。軽皇子は寵妃阿倍氏《あべ》（阿倍内麻呂の女の小足媛《おたらしひめ》）をして鎌足を厚遇し、それに感激した鎌足は、舎人に、軽皇子は天下に王となるべき人であると語った。舎人からそれを聞いた軽皇子は大いに喜んだ（『藤氏家伝』には、しかし軽皇子の器量は、ともに大事を謀るに足らなかった、とある）。

②鎌足は、蘇我入鹿が君臣長幼をわきまえず、国家をわがものにしようとしているのを憤り、王家の人々の中に、ともに企てを成功させるべき英明の君主を求めた。そしてそれは、中大兄皇子のほかにないと考えたが、近づく機会がなかった。たまたま、法興寺《ほうこうじ》（飛鳥寺）の槻の樹のもとでの蹴鞠《けまり》に加わり、中大兄皇子の皮鞋《くつ》がぬげ落ちたのを拾い、恭しく皇子にたてまつったことから二人の親交がはじまり、慎重に計画をねった。

③鎌足は、大事を謀るには協力者が必要であるとして、中大兄皇子に蘇我倉山田麻呂《くらのやまだのまろ》（蘇我石川麻呂《いしかわまろ》）の長女を妻に迎え、石川麻呂を味方につけることを進言した（『藤氏

家伝』には、石川麻呂と入鹿とは互いに対立しており、石川麻呂の性格は剛毅果敢で威光・名望が高かった、とある)。中大兄皇子はこれを喜んで承諾したが、結婚の当日、石川麻呂の長女は、一族の身狭《むさ》(蘇我日向《ひむか》、石川麻呂の異母弟)に奪われてしまった。石川麻呂は困っていたところ、少女(石川麻呂の下の女)がかわりに嫁ぐこととなり、無事縁組が成立した。また、鎌足は、佐伯《さえきの》連子麻呂《むらじこまろ》と葛城稚犬養《かずらきのわかいぬかいの》連網田《むらじあみた》を中大兄皇子に推挙した。

④皇極天皇四年六月八日。中大兄皇子は、蘇我石川麻呂に、三韓(高句麗・百済・新羅)の調がたてまつられる日に、その上表文を読んで欲しいといって、入鹿暗殺の謀事をうちあけた。石川麻呂はそれを承諾した。

⑤同十二日。皇極天皇は大極殿に御し、古人大兄皇子がそれに侍した。鎌足は、入鹿が疑い深い性格で昼夜剣をはなさないでいることを知っていたので、俳優《わざひと》(滑稽なしぐさで宮廷に仕える人)を使って剣をはずさせた。石川麻呂は三韓の上表文を読みはじめ、中大兄皇子・中臣鎌足は大極殿のわきにかくれ、佐伯子麻呂と葛城稚犬養網田に武器をわたして、いっきに斬れ、といった。子麻呂らは水をかけて飯をのみこもうとしたが、恐ろしさのためもどしてしまった。

⑥石川麻呂は、上表文を読むのが終わりに近づいたのに子麻呂らが出てこないので、声はふるえ、手はわなないた。中大兄皇子は、子麻呂らが入鹿を恐れて進み出ないため、自ら「ヤア」とさけんで子麻呂らとともにおどり出し、入鹿に切りつけた。

⑦入鹿はおどろいて、天皇に「当《まさ》に嗣位《ひつぎのくらい》に居《ましま》すべきは、天子《あめのみこ》なり。臣《やつこ》罪を知らず。乞《こ》ふ、垂審察《あきらめたま》へ」と願い、天皇は大いにおどろいて、中大兄皇子に「知らず、作《す》る所、何事有《なにごとあ》りつるや」と尋ねた。中大兄皇子は、「鞍作《くらつくり》（入鹿）、天宗《きみたち》を尽《つく》し滅して、日《ひつぎの》位《くらい》を傾けむとす。豈天孫《あにあめみま》を以て鞍作りに代《か》へむや」と答えた。天皇は、宮殿の中に入った。

⑧子麻呂と網田は入鹿にとどめを刺した。この日、雨が降って、水が庭にあふれ、入鹿の屍はむしろでおおわれた。

⑨古人大兄皇子は、自分の宮に走り帰って、「韓人《からひと》、鞍作臣を殺しつ。我が心痛し」といって、門をとざして外に出ようとしなかった。

⑩中大兄皇子は、すぐ法興寺に入り、そこを城として備えた。蘇我蝦夷の側では、はじめは中大兄皇子らと戦おうとする動きもあったが、巨勢徳陀《とこだ》（徳太）の説得により、ちりぢりに逃走した。

⑪同十三日。蝦夷は、誅殺されるにあたって、天皇記・国記、および珍宝をことごとく焼いた（『藤氏家伝』では、蝦夷が自宅で自殺した、とある）。

「入鹿誅滅物語」の信憑性

さて、右の記述の信憑性であるが、一読してそれは、事実の記録というのではなく、まさしく物語というべき性格のものであることが明らかであろう。②の蹴鞠の話は、これと同様の話が『三国史記《さんごくしき》』（朝鮮の歴史書。高麗《こうらい》の金富軾《きんふしょく》の撰、一一四五年成立）や『三国遺事《さんごくいじ》』（朝鮮の歴史書。高麗の僧一然《いちねん》の撰、十三世紀末の成立）に、新羅の金春秋《こんしゅんじゅう》（太宗武烈王《たいそうぶれつ》）と金庾信《こんゆしん》との話として伝えられており、③の中大兄皇子と石川麻呂の女との結婚の話も、類似の話が、やはり金春秋と金庾信の妹との結婚の話として伝えられている。また、⑤〜⑧の入鹿殺害の場面は、いかにも劇的効果をねらって作られた話という感が強い。

したがって、事件の計画・実行の中心人物を中臣鎌足と中大兄皇子とする話の筋もまた、疑わしいといわなければならない。『日本書紀』や『藤氏家伝』は、中臣鎌足の忠節ぶりをたたえ、中大兄皇子の英明さを強調する意図をもった書物であり、事件の経過を、右の記述どおりにみるわけにはいかないのである。

事件の実際の経過を復元するのは困難であるが、事件の原因や背景については、その結果から判断できることも少なくない。

蝦夷・入鹿父子が討たれた直後、『日本書紀』（孝徳天皇即位前紀）によれば、次のような経過で、軽皇子（孝徳天皇）が即位したとされる。

孝徳天皇の即位

①皇極天皇四年六月十四日。皇極天皇は、はじめ中大兄皇子に位を譲ろうとした。中大兄皇子は、そのことを鎌足にはかったところ、鎌足は、「古人大兄は、殿下《きみ》（中大兄皇子）の兄《いろね》なり。軽皇子は、殿下の舅《おじ》なり。方《まさ》に今《いま》、古人大兄在《ま》します。而るを殿下陟天皇位《あまつひつぎしらさ》さば、人の弟《おとと》恭《つつし》み遜《したが》ふ心に違《たが》はむ。且《しばら》く、舅を立てて民《おおみたから》の望《ねがい》に答《かな》はば、亦可《またよ》からずや」と進言した。中大兄皇子はそれをよしとし、皇極天皇に密かにそのことを伝えた（これと同じ話は『藤氏家伝』にもみえる）。

②そこで皇極天皇は、軽皇子に位を譲ろうとしたが、軽皇子は再三固辞して、古人大兄皇子に、「大兄命《おおえのみこと》は、是昔《これさき》の天皇の所生《みこ》なり。而《しこう》して又年長《またとしお》いたり。斯《こ》の二つの理《ことわり》を以て、天位《たかみくら》に居《ま》しますべし」といった。しかし古人大兄皇子はそれをことわり、出家して吉野に入るといって、法興寺の仏殿と塔の間で髪をそり、袈裟《けさ》をつけた。軽皇子は、固辞することができずに即位した。

③この日（六月十四日）、皇極天皇に皇祖母尊《すめみおやのみこと》の称号をたてまつり、中大兄皇子を皇太

子に立てた。また、阿倍内麻呂を左大臣、蘇我石川麻呂を右大臣とし、中臣鎌足を内臣とした。鎌足は、至忠の誠をいだき、宰臣として官司を統率したので物事は計画どおりに行われた。沙門旻法師《のりのしみんほうし》（僧旻《そうみん》）と高向史玄理《たかむくのふひとげんり》を国博士《くにはかせ》とした。

①は、「入鹿誅滅物語」の続きであり、孝徳天皇の即位事情を、このとおりに解することはできない。おそらくこれは、蝦夷・入鹿父子を討った中心人物を中臣鎌足と中大兄皇子としたことと、その後実際に即位したのは孝徳天皇であったこととを、整合させるために作られた話であろう。中大兄皇子と皇極天皇や中臣鎌足との間の密かな会話が、『日本書紀』の原資料に記録されていたとは考えられない。

②の古人大兄皇子の出家の話は、『藤氏家伝』にはみえないのであり、「入鹿誅滅物語」にはなかった話と推定される。入鹿という後楯を失った古人大兄皇子が、出家して身の安全をはかるというのは、ありそうな話である。

なお、ここにみえる軽皇子の言葉は、『日本書紀』編者の作文ではあろうが、大王（天皇）の条件を示す言葉として注目される。天皇は、前天皇の子であること（直系であること）と、「年長」であること（十分な年齢に達していること）が条件とされているのである。

古人大兄皇子は、出家して吉野に入ったにもかかわらず討たれてしまうのであるが、それについては次に述べることとし、その前に③の新政権の記述についてみておくことにしたい。

この点をめぐっては、孝徳天皇の即位を皇極天皇四年（大化元年）のことではなく、大化五年（六四九）ないし白雉《はくち》元年（六五〇）のこととする説、中大兄皇子の立太子を否定する説、中臣鎌足の「内臣」を否定する説、皇極天皇におくられた「皇祖母尊」の称号を疑う説などがあり、いろいろと問題が多い。たしかに、鎌足の「内臣」については疑わしいところもある（孝徳紀には、鎌足の具体的行動を伝える記事は一切みえない）のであるが、中大兄皇子の立太子は、前章で述べたように疑う必要はなく、孝徳天皇の大化元年（六四五）即位も、事実とみてまちがいないであろう。また、阿倍内麻呂・蘇我石川麻呂が左右大臣に任じられたとする点も、その後の『日本書紀』の記事（孝徳天皇が左右の大臣に諮問したとする記事や、あとで述べる石川麻呂の事件に関する記事など）から、事実とみてよいと考えられる。

蘇我蝦夷・入鹿父子が討たれた事件は、右のような新政権を発足させた事件として考えられなければならないのである。とくに、皇極天皇の「譲位」というかつて例のないことがなぜ行われたのか、またそれによって王統の原理から大きくはずれた孝徳天皇がなぜ即位したのか、こうした点が問われなければならないであろう。

古人大兄皇子事件

そしてまた、この事件は、古人大兄皇子が討たれた事件とも、一連のものとして理解される必要がある。『日本書紀』には、古人大兄皇子事件は次のように記されている。

大化元年九月三日、古人皇子が蘇我《そがの》田口《たぐちの》臣《おみ》川堀《かわほり》・物部《もののべの》朴井《えのいの》連《むらじ》椎子《しいのみ》・吉備《きびの》笠《かさの》臣《おみ》垂《しだる》・倭《やまとの》漢《あやの》文《ふみの》直《あたい》麻呂《まろ》・朴市《えちの》秦《はたの》造《みやつこ》田来津《たくつ》と謀反を企てた（一書には、「古人太子」、また別の一書には「古人大兄」とある。この皇子は吉野山に入ったので「吉野太子」ともいう）。

同十二日。吉備笠臣垂が中大兄皇子に自首して、「吉野の古人皇子が蘇我田口臣川堀らと謀反をおこそうとし、私もその一味に加わった」と告げた（一書には、吉備笠臣垂は左大臣の阿倍内麻呂と右大臣の蘇我石川麻呂に自首したとある）。そこで中大兄皇子は、菟田《うだの》朴室《えむろの》古《ふる》と高麗《こまの》宮知《みやしり》とに兵を率いさせて、古人大兄皇子らを討たせた（一書には、十一月の三十日に中大兄皇子が阿倍《あべの》渠曾倍《こそべの》臣《おみ》・佐伯部《さえきべの》子麻呂《こまろ》の二人に命じて古人大兄皇子を討たせたとある。また別の一書には、十一月に吉野大兄王が謀反し、発覚して誅されたとある）。

『日本書紀』の本文と一書では異なるところがあり、両者をどのように解して事件の経過を復元するか、という問題はあるが、古人大兄皇子が討たれたこと自体は事実とみてまちがいないであろう。

古人大兄皇子が実際に謀反を企てたかどうかは、共犯者とされる人物がその後も活躍していることから疑わしいが、皇子が討たれなければならなかったのは、先に述べたように、入鹿の主導の下で、太子に立てられていたからと考えられる。乙巳の変は、王位をめぐっての争いであり、古人大兄皇子―蘇我入鹿のラインに対するクーデターであったことは、確かであろう。

新政権の主導者

ところで、「大化」の新政権については、大王の孝徳天皇に主導権はなく、その実権を握っていたのは中大兄皇子―中臣鎌足のラインであった、とするのが、今日においてもなお、最も一般的な見方であるといえよう。しかし、そうであるならば、なにゆえ中大兄皇子らは、皇極天皇を譲位させなければならなかったのであろうか。中大兄皇子にとって、自らが即位するのでなければ、王位継承上新たな問題が生じかねない孝徳天皇をわざわざ即位させるよりは（実際、のちに孝徳天皇の子の有間皇子事件がおきている）、皇極女帝がそのまま王位にある方が都合がよかったはずであり、この点の説明がつかないのである。

新政権の実権者を中大兄皇子と中臣鎌足とみる通説は、入鹿殺害の中心人物がこの二人であるという認識にもとづいているのであるが、その「入鹿誅滅物語」が事実の伝えと考えられないことは、先にみたとおりである。孝徳天皇が即位した以上、新政権の主導者は、大王である孝徳天皇自身であったとみるのが、自然な解釈であろう。七世紀についての天皇不執政（不親政）論、皇太子執政論は、厩戸皇子の摂政、中大兄皇子の「大化」の新政権における実権を根拠としているのであり、天皇不執政論によって中大兄皇子の実権を主張することはできない。

一方、蘇我蝦夷・入鹿父子が討たれた事件は、蘇我氏の内部争いという性格もあったと考えられる。つまり、入鹿と石川麻呂の宗主権争いである。事件後に蝦夷・入鹿父子の遺産処分についての記事が『日本書紀』にみえないことからすると、事件は、公的権力によって蝦夷・入鹿が討たれたというのではなく、一族の内部争いとして処理されたものと推定される。事件において、石川麻呂の果たした役割は大きかったと考えられるのであり、石川麻呂と孝徳天皇が密接な関係にあったことも、石川麻呂の女と孝徳天皇の婚姻関係などから推定されるところである（遠山美都男『大化改新』中央公論社、一九九三年）。

乙巳の変は、それによって即位した孝徳天皇と、それによって蘇我氏の宗主権をえた石川麻呂とが中心となっておこした政変、とみるのが妥当と考えられるのである。そして「大化」の新政権も、孝徳天皇―石川麻呂のラインが主導権を握っていたとみるのが妥当であろう。

中大兄皇子の立太子

それではなぜ、中大兄皇子は太子に立てられたのであろうか。このことからすれば、孝徳天皇は「中継ぎ」の大王であったといえるのであり、再び用明天皇・崇峻天皇の時代にもどってしまったようにもみえるのである。

「中継ぎ」の大王としては、前大王の大后であった女帝を立てることが（この場合は皇極天皇がそのまま王位にあることが）、すぐれた方法として承認されてきたはずである。ここで注目されるのが、新羅で、六四七年、女王を不可としてそれを廃そうとした毗曇《ひどん》の乱がおきていることである。また、この事件の四年前の六四三年、高句麗と百済に攻撃された新羅が唐の太宗に救援を求めた際に、太宗は、新羅は女性を王としているので隣国から軽蔑されると述べた、ということも伝えられている（『三国史記』新羅本紀第五）。このようなことからすると、当時の倭においても、女帝を不可とする考えが生じていたとして不思議はないであろう。孝徳天皇や蘇我石川麻呂はそのように考えたのであろうし、古人大兄皇子を擁した入鹿もまた、この点は同様であったと推定される。ただし、王統の原理にかなった正統な継承者は中大兄皇子であり、皇極女帝の死去を待って中大兄皇子が即位するべきであるとの見方も、一方において根強く存在していたと考えられる。

孝徳天皇—石川麻呂のラインも、中大兄皇子とその支持勢力も、古人大兄皇子—入鹿のラインを否定しなければならないことでは一致していた。そして、古人大兄皇子を否定したうえでさらに、女帝にかえて男帝を立てなければならないとしたら、それは、当時二十歳になったばかりの中大兄皇子よりは、五十歳前後であったと推定される孝徳天皇の方がふさわしいと、多くの群臣によって判断されたのであろう。孝徳天皇の年齢について『日本書紀』には記載がないが、『神皇正統記《じんのうしょうとうき》』（歴史書。北畠親房《きたばたけちかふさ》著、一三三九年執筆、一三四三年修訂）によれば、この時五十歳である。

しかし、孝徳天皇の即位を支持した石川麻呂ら、多くの群臣の間でも、中大兄皇子を正統とする認識は存在していたはずである。孝徳天皇が即位し、中大兄皇子が太子に立てられたというのは、このような事情によると考えられるのである。

したがって、皇極天皇の孝徳天皇への譲位というのは、自らの意志によるのではなく、譲位というよりは、むしろ退位させられたものとみるべきであろう。皇極天皇や中大兄皇子が女帝を不可と考えていなかったことは、孝徳天皇の死後、皇極天皇が重祚《ちょうそ》していることから明らかである。孝徳天皇の即位、中大兄皇子の立太子というのは、両者の妥協の産物であったともいえよう。

乙巳の変は、権力の集中体制が要求される中での事件であったが、その結果成立した新政権も、はじめから、孝徳天皇と中大兄皇子との対立、つまり「中継ぎ」の大王と正統の太子との対立、を内包していたのであった。

蘇我石川麻呂討滅事件

事件の経過

『日本書紀』によれば、大化五年（六四九）三月、左大臣の阿倍内麻呂《あべのうちまろ》が死去した直後に、右大臣の蘇我石川麻呂《そがのいしかわまろ》は、異母弟の日向《ひむか》（身刺《むさし》）の讒言により、自殺に追い込まれることになったという。以下、『日本書紀』の記述の概要を示しておこう。

①大化五年三月二十四日。蘇我臣日向（身刺）は、右大臣の石川麻呂を皇太子（中大兄皇子）に讒言し、石川麻呂は中大兄皇子を殺害しようとねらっており、近く謀反をおこすであろうといった。皇太子はそれを信じた。

②孝徳天皇は、大伴狛連《おおとものこまのむらじ》・三国麻呂公《みくにのまろのきみ》・穂積嚙臣《ほづみのくいのおみ》を石川麻呂のもとに遣わして、謀

反の虚実を尋ねた。石川麻呂は直接天皇に話すと答え、天皇はまた、三国麻呂公と穂積臣噛を遣わしたが、石川麻呂の答えは同じであった。そこで天皇は、軍をおこして、石川麻呂の家を囲ませようとした。

③石川麻呂は二人の子の法師《ほうし》と赤猪《あかい》をつれて、茅渟の道を逃げて倭《やまと》に向かった。石川麻呂の長男の興志《こごし》は、以前から倭にいて山田寺の造営にあたっていたが、父を今来《いまき》の大槻のもとで迎え、山田寺に入った。興志は来たる軍勢と戦いたいといったが、石川麻呂はそれを許さなかった。その夜、興志は、宮を焼こうとして兵士を集めた。

④同二十五日。石川麻呂は興志に命が惜しいかと尋ね、興志は惜しくないと答えた。そこで石川麻呂は、山田寺の僧や興志ら数十人に、「夫《そ》れ人の臣《やっこらま》たる者、安《いずくに》ぞ君に逆《さか》ふることを構へむ。何《いずくに》ぞ父に孝《したが》ふことを失はむ。凡《おおよ》そ、此《こ》の伽藍《てら》は、元より自身《みずから》の故《ため》に造れるに非ず。天皇の奉為《おおんため》に誓ひて作れるなり。今我《いまわれ》身刺に譖《しこ》ぢられて、横《よこしま》に誅《ころ》されむことを恐る。聊《いささか》に望《ねが》はくは、黄泉《よもつくに》にも尚忠《なおいさお》しきことを懐《いだ》きて退《まか》らむ。寺に来つる所以《ゆえ》は、終の時を易《やす》からしめむとなり」といった。そしていいおわると、仏殿の戸を開き「願はくは我、生生《よ》世世《よ》に、君王《きみ》を怨《うら》みじ」と誓って、自ら首をくった。妻子で殉死した者は八人であった。

⑤この日。大伴狛連と蘇我日向臣を将軍として石川麻呂を追わせた。大伴連らが黒山《くろやま》に至ると、土師連身《はじのむらじむ》・采女臣使主麻呂《うねめのおみおみまろ》が山田寺から駆けつけ、石川麻呂と三男一女が自殺したと告げた。そこで将軍らは丹比坂《たじひのさか》より帰った。

⑥同二十六日。石川麻呂の妻子や従者で自殺する者が多かった。穂積臣噛は、石川麻呂の伴党《ともがら》の田口臣筑紫《たぐちのおみつくし》らを捕え、枷《くびかせ》をつけ後ろ手に縛った。この夕、木《きの》（紀）臣《おみ》麻呂・蘇我臣日向・穂積臣噛は、軍を率いて寺を囲み、物部二田造塩《もののべのふつたのみやつこしお》をして石川麻呂の首を斬らせた。

⑦同三十日。石川麻呂に連坐して斬殺された者は、田口臣筑紫・耳梨道徳《みみなしのどうとこ》・高田醜雄《たかだのしこお》・額田部湯坐連《ぬかたべのゆえのむらじ》・秦吾寺《はたのあてら》ら、十四人。絞首された者は九人。流された者は十五人であった。

⑧この月。使者を遣わして石川麻呂の財産を没収した。財産の中で、よい書物には「皇太子の書」、貴重な宝には「皇太子の物」と書かれてあった。使者は帰ってそのことを報告した。

⑨皇太子は、石川麻呂が潔白であったことを知り、後悔して悲しんだ。蘇我日向を筑紫大宰帥《おおみこともちのかみ》に任じたが、世の人は、それを「隠流《しのびながし》」といった。

⑩皇太子の妻の蘇我造媛《みやつこひめ》は、父の石川麻呂が物部二田造塩に斬られたことを悲しみ、傷ついたあまり、ついに死んでしまった。皇太子はそれを聞いて泣き悲しむことがはなはだしかった。

まず、この記述の信憑性についてであるが、石川麻呂の忠臣・潔白ぶりが不自然なまでに強調されている④・⑧部分、またそれを知った中大兄皇子の後悔の様子が、これも不自然に強調されている⑨・⑩部分は、そのまま事実の伝えとはみなし難い。しかし、そのほかの部分については、多くの具体的人物・地名が登場し、述べるところの事件の経過も具体的であることから、よるべき資料が存在したことは確かであり、用語上の潤色はあったとしても、ほぼ事実を伝えたものとみてよいであろう。また、④・⑧・⑨部分についても、石川麻呂と妻子が自殺したこと（④）、石川麻呂の財産が没収されたこと（⑧）、蘇我日向が筑紫大宰帥に任じられたこと（⑨）など、それ自体は事実と考えられる。

事件の原因・背景　『日本書紀』の記述の大筋が信用できるのであれば、この事件の原因は、やはり中大兄皇子と石川麻呂との対立に求めるのが妥当であろう。事件の発端を記す①部分によれば、日向は、石川麻呂が中大兄皇子を殺害しようとしているとの讒言を行ったのであり、しかもそれは、中大兄皇子に対して告げられているのである。⑨・⑩部分において、中大兄皇子の後悔を強調する潤色がほどこされていることも、事件が両者の対立によるものであったことを示している。また、日向が讒言したことからすると、蘇我氏内部における石川麻呂と日向の対立というのも、原因の一つには考えられるであろう。

しかし、この事件の原因を、右のような個人的対立にのみ求めることはできない。この事件の大きな特徴は、石川麻呂に連坐した人々の数の多さである。斬殺された者十四人、絞首された者九人、流された者十五人とある（⑦）が、これは、先に述べた古人大兄皇子事件、これから述べる有間皇子事件・大津皇子事件などと比べて、圧倒的な人数である。しかも連坐した人々は、斬殺された一人の田口臣筑紫が石川麻呂の「伴党」と記されている（⑥）ように、石川麻呂の私的な従者ではなく、朝廷を構成していた群臣であったと考えられる（北山茂夫「蘇我倉山田石川麻呂の事件の一考察」、『続万葉の世紀』東京大学出版会、一九七五年、所収）。つまり、この事件の原因・背景には、広い範囲での群臣を巻き込んだ政策上の対立があったと推定されるのである。

「改新派」と「保守派」

そして、この点を、「改新派」の中心人物である中大兄皇子と、「改新」政策を不満とする「保守派」の代表である石川麻呂との対立とする見方は、かなり広くみとめられるところである。当時の政権を、「改新派」と「保守派」にわけて考えることの有効性には疑問もあるが、もしそうした色わけを行うならば、むしろそれは逆というべきであろう。「大化」の諸詔が左右大臣を通して発せられたとする『日本書紀』の記述が多いことからも、孝徳天皇と左右大臣を中心に「改新」政策が進められたとみるのが自然である。また、「改新」政策を示す諸詔が「大化」年間に集中し、左大臣の阿倍内麻呂が死去して右大臣の石川麻呂が討たれたこの事件を境に、以後、白村江《はくすきのえ》の敗戦直後の甲子《かっし》の宣《せん》（天智天皇三年＝六六四年）に至るまで、ほとんど国内における新政策が出されていない点も注意される。

この事件は、「改新派」の中心人物の一人であった左大臣の死を好機として、蘇我氏内部で「改新派」の石川麻呂と対立していた日向が、「保守派」の中心人物であった中大兄皇子に石川麻呂を讒言したことをきっかけにした事件、とみてよいであろう。「改新派」「保守派」という色わけはともかく、事件は、政策をめぐる広い範囲での群臣の対立を背景としていたがゆえに、大規模なものへと発展したと考えられるのである。

なお、このころの中大兄皇子が保守的立場にあったことは、白雉四年（六五三）に「倭京」への遷都を奏請していることに示されている（『日本書紀』白雉四年是歳条）。また大化二年（六四六）三月の皇太子奏も、中大兄皇子が率先垂範して入部《いりべ》・屯倉《みやけ》を献上したというようなことではなく、それが中大兄皇子の所有していた皇祖大兄（押坂彦人大兄皇子）の御名入部《みなのいりべ》をとくにあげ、「猶古代《なおむかし》の如《ごと》くにして、置かむや否《いな》や」とした孝徳天皇の諮問に答えたものであったことからすれば（『日本書紀』大化二年三月壬午〈二十日〉条）、むしろ、入部・屯倉の献上に消極的であった中大兄皇子に対して、孝徳天皇がそれを催促したとみる方が妥当であろう。王位継承上の正統の地位にあった中大兄皇子が、当時、そうした地位の人物にありがちな保守性をもっていたとしても不思議ではない。

事件と孝徳天皇

それでは、孝徳天皇はこの事件にいかにかかわったのであろうか。石川麻呂討伐の軍をおこしたのが孝徳天皇自身であったことは、②部分に記すとおりであろう。ただ、同じく②によれば、天皇は軍をおこすに先立って、二度にわたって石川麻呂の謀反の虚実を問う使者を派遣しているのであり、天皇が石川麻呂討伐に慎重であったことも確かと考えられる。天皇が最終的にどのように判断して討伐軍をおこしたかは不明とせざるをえないが、中大兄皇子らの意向に押されるところが大きかったことは推測されてよいであろう。そもそも、日向の密告をうけた中大兄皇子が、それを天皇にはかったからこそ、右の天皇の行動がおこされたのである。

孝徳天皇は、逃れて山田寺に入った石川麻呂の追討のため、さらに大伴狛と蘇我日向を将軍として派遣した（⑤）が、大伴狛が石川麻呂の自殺を聞いて引き返している（⑤）のに対し、日向は、なおも紀麻呂・穂積嚙らとともに山田寺を囲み、物部二田塩をして石川麻呂の死体の首を斬らせている（⑥）。追討軍の行動にこうした分裂がみられるのは、追討軍が孝徳天皇の意志に一元化されていなかったこと、つまりそこに中大兄皇子の意志が加わっていたことを示すものといえよう。石川麻呂とその妻子・従者ばかりではなく、多くの「伴党」が討たれたこの事件に、政策上、石川麻呂と対立していたと推定される中大兄皇子が、積極的にかかわっていたことは確かであろう。

事件がこのようなものであったとするならば、その結果としては、当然、中大兄皇子の政権に占める地位の上昇が考えられなければならない。事件後の白雉元年（六五〇）二月に、大王の徳をたたえる白雉改元が行われ、同年十月から白雉三年九月にかけては難波長《なが》柄《ら》豊碕《とよさき》宮の造営が行われており、なおしばらくは、孝徳天皇が政権の頂点に立っていたと考えられるが、その後しだいに、孝徳天皇（大王）と中大兄皇子（太子）との力関係が逆転し、両者の対立も深刻化していったと推定される。

そして、それが表面化したのが、白雉四年のことである。先にも述べたが、『日本書紀』によれば、この年、中大兄皇子は「倭京」への遷都を奏請したのであり、孝徳天皇がそれを拒否すると、「皇祖母尊」（皇極天皇）と「間人皇后」（中大兄皇子の同母妹、大化元年七月、孝徳天皇の大后に立てられた）を奉じて、飛鳥河辺宮《かわら》に帰ってしまったという。「時に、公卿大夫《まえつきみたち》・百官《つかさつかさ》の人等《ひとども》、皆随《したが》ひて遷《うつ》る」とあるのは誇張であろうが、この段階では、中大兄皇子が実権を握っていたことは確かであろう。

難波に残された孝徳天皇は、その翌年に、長柄豊碕宮で死去した。『日本書紀』には病死とされるが、中大兄皇子らにとっては、タイミングのよい死である。

飛鳥朝後期の政権抗争

斉明天皇の即位と有間皇子事件

孝徳天皇が死去した翌年（六五五）の正月、位を退いていた「皇祖母《すめみおやの》尊《みこと》」（皇極《こうぎょく》天皇）が再び即位した（『日本書紀』斉明天皇元年正月甲戌〈三日〉条）。斉明《さいめい》天皇である。『本朝皇胤紹運録』によれば、この時、六十二歳ということになる。中大兄皇子は、そのまま「皇太子」の地位にあったものとして、『日本書紀』には描かれている。この年、中大兄皇子は三十歳に達していた。

皇極天皇の重祚

同じ人物が二度天皇の位につく（重祚《ちょうそ》）というのは、これがはじめてであり、その後の歴史をみても、八世紀後半の孝謙・称徳天皇（同じく女帝）の例があるにすぎない。なぜ、この異例の重祚が行われたのか、そして、なぜ「皇太子」の地位にあった中大兄皇子は即位しなかったのか、いろいろ議論のあるところである。

中大兄皇子は、反対派を刺激しないため、女帝を隠《かく》れ蓑《みの》にしようとしたとする説、天皇不執政論＝皇太子執政論の立場から説明しようとする説、さらには、中大兄皇子と孝徳天皇の大后であった間人《はしひと》皇女は、同母の兄と妹でありながら男女の関係にあったため、間人皇女が亡くなるまでは即位がはばかられた、とする説もある。また、中大兄皇子の「皇太子」を否定する立場からすれば、なぜ中大兄皇子が即位しなかったのか、という問いは、異なった意味の問いになるであろう。

しかし、天皇不執政論や、中大兄皇子の「皇太子」を否定する説に賛成できないことは、これまでに述べてきたとおりであり、中大兄皇子と間人皇女が男女の関係にあったとする説も、根拠が薄弱である。もしそうであったならば、間人皇女が死去したのは天智天皇称制《しょうせい》四年（六六五）のことであるから（『日本書紀』天智天皇四年二月丁酉〈十五日〉条）、その直後に中大兄皇子は即位してよさそうなものなのに、実際に即位したのはその三年後のことである（天智天皇七年〈六六八〉正月戊子〈三日〉条。なお、分注の一書によれば、即位はその前年の三月とされる）。

皇極天皇重祚の段階で、政治の主導権を握っていたのは、おそらく中大兄皇子であろうが、孝徳天皇との対立があったことからすれば、反対派が多く存在したことも確かであろう。反対派の反発をおそれ、女帝を隠れ蓑にしようとしたというのは、考えられることである。ただ、それよりも、この重祚の本来の意味は、孝徳天皇の即位を否定し、それ以前の状態にもどすことにあったといえるのではなかろうか。

孝徳天皇の即位は、先に述べたように、皇極女帝を退位させての即位と考えられるのであり、女帝退位の必要性を感じていなかった中大兄皇子らにとっては、孝徳天皇は「中継ぎ」の大王ではあっても、王位の簒奪《さんだつ》者であった。皇極女帝のもとで、成人に達した中大兄皇子が太子に立てられ、皇極女帝の死を待って即位するというのが、王統の原理にのっとった王位の継承方法であったのであり、その状態にもどすことが、この重祚の意味であったと考えられるのである。

有間皇子事件の経過

皇極女帝が重祚し、そのもとで中大兄皇子が太子の地位にあるという、本来の形態にもどっても、政局は安定しなかったようである。斉明天皇四年（六五八）には、孝徳天皇の子である有間皇子が謀反を企てて処刑されるという有間皇子事件がおきている。『日本書紀』に記す事件の経過は、およそ次のとおりである。

①斉明天皇四年十一月三日。斉明天皇や中大兄皇子は紀伊《きい》国の牟婁温湯《むろのゆ》に出かけていて飛鳥を離れていたが、留守官の蘇我赤兄臣《あかえのおみ》は、有間皇子に語って、「天皇の治《し》らす政事《まつりごと》、三つの失《あやまち》有り。大きに倉庫《くら》を起《た》て、民財《おおみたからのたから》を積み聚《あつ》むること、一つ。長く渠水《みぞ》を穿《ほ》りて、公糧《ひとのくらいもの》を損《おと》し費すこと、二つ。舟に石を載《つ》みて、運び積みて丘にすること、三つ」といった。有間皇子は赤兄が自分と心を通じていることを知って喜び、「吾が年始《としはじ》めて兵《いくさ》を用ゐるべき時なり」と答えた。

②同五日。有間皇子は赤兄の家に行き、楼《たかどの》に登って謀議した。その時、夾膝《おしまずき》（脇息）がひとりでに折れたので、前兆の不吉なことを知り、ともに盟約を結んで謀議を中止し、皇子は帰って市経《いちぶ》の家に宿った。その日の夜半、赤兄は物部朴井連鮪《もののべのえのいのむらじしび》を遣わし、宮殿造営のための人夫を率いて有間皇子の家を囲ませた。そして駅使を遣わして、そのことを天皇のもとに報告した。

③同九日。有間皇子と、守君大石《もりのきみおおいわ》・坂合部連薬《さかいべのむらじくすり》・塩屋連鯯魚《しおやのむらじこのしろ》を捕えて、牟婁温湯に送った。舎人の新田部米麻呂《にいたべのこめまろ》がこれにしたがった。皇太子中大兄皇子は、自ら有間皇子に、「何の故か謀反《みかどかたぶ》けむとする」と問うたが、皇子は「天と赤兄と知らむ。吾全《もは》ら解《し》らず」と答えた。

④同十一日。丹比《たじひの》小沢《おざわの》連《むらじ》国襲《くにそ》を遣わして、有間皇子を藤白坂《ふじしろさか》で絞殺した。同じ日に、塩屋連鯯魚と舎人の新田部米麻呂を藤白坂で斬った。鯯魚は殺されようとする時、「願はくは右手をして、国の宝器作らしめよ」といった。また、守君大石を上毛《かみつけ》野《の》国に、坂合部連薬を尾張《おわり》国に流した。

『日本書紀』の本文は以上であるが、続いて一書を引用して、

有間皇子、蘇我臣赤兄・塩屋連小戈《おほこ》・守君大石・坂合部連薬と、短籍《ひねりぶみ》を取りて、謀反けむことを卜《うらな》ふ。有間皇子曰はく、「先づ宮室を燔《や》きて、五百人を以て、一日両夜、牟婁津《むろのつ》を邀《た》へて、疾《と》く船師《ふないくさ》を以て、淡路《あわじ》国を断《さいぎ》らむ。牢圄《ひとやにこも》るが如くならしめば、其の事成し易《やす》けむ」といふ。或人諫めて曰はく、「可《よ》からじ。計る所は既に然《しか》れども、徳《いきおい》無し。方《まさ》に今《いま》皇子、年始めて十九。未だ成人に及《いた》らず。成人に至りて、其の徳を得べし」といふ。他日に、有間皇子、一《ひとり》の判事《ことわるつかさ》と、謀反《みかどかたぶけんとはか》る時に、皇子の案机《おしまずき》の脚《あし》、故《ゆえ》無くして自《おの》づからに断《お》れぬ。其の謨《はかりごと》止《や》まずして、遂に誅戮《ころ》されぬといふ。

とある。本文の内容と、一書の内容にさしたる矛盾はなく、登場する人名・地名も具体的であることから、事件の経過は、おおよそここに記述されているとおりとみてよいであろ

う。

事件の実相

この事件については、若い有間皇子が蘇我赤兄の謀略に乗せられたとみるのがふつうである。また、赤兄はあらかじめ中大兄皇子と事を謀っていたのであり、事件の張本人はむしろ中大兄皇子であるという推測も行われている。

たしかに、有間皇子事件は、中大兄皇子と蘇我赤兄の策謀によっておこされた可能性が高いと考えられる。赤兄は「留守官」に任じられていたというのであるから、中大兄皇子の信任をえていたことはまちがいない。このことは、その後赤兄が、天智天皇（中大兄皇子）のもとで、筑紫率《つくしのそち》、さらに左大臣に任じられ、近江朝廷の重臣として活躍していることからも明らかである。赤兄の女の常陸娘《ひたちのいらつめ》が天智天皇の妻となっていることも、両者の関係の深かったことを示している。

また、事件に加わって上毛野国に流されたとされる守君大石は、のちに百済救援軍の将となり、天智天皇四年には遣唐大使に任じられており、尾張国に流されたとされる坂合部連薬も、壬申《じんしん》の乱で近江朝廷側の将として戦っている。赤兄だけではなく、これらの人物も中大兄皇子と通じていたのかもしれない。

しかし、『日本書紀』の記述にしたがうかぎり、この「謀反」には、有間皇子自身の積

極的意図があったことも否定できない。事件に先立つ、斉明天皇三年九月条には、

有間皇子、性《ひととなり》黠《さと》くして陽《うほり》狂《くるい》すと、云云。牟婁温湯に往きて、病を療《おさ》むる偽《まね》して、来《もうき》、国の体勢《なり》を讃《ほ》めて曰く、「纔《ひただそ》彼の地《ところ》を観《み》るに、病自《おの》づからに蠲《のぞこ》消りぬ」と、云云。天皇、聞《きこ》しめし悦《よころ》びたまひて、往《おわ》しまして観《みそなわ》さむと思欲《おもほ》す。

とある。この記事と、先に引用した『日本書紀』の一書の記事とを合わせて考えるならば、事件が有間皇子による計画的なものであったことはみとめることができる。中大兄皇子は、有間皇子のこうした計画を察知しつつ、逆にそれを利用したというのが事件の実相であろう。

事件の背景

①の蘇我赤兄の言葉に、「天皇の治らす政事、三つの失有り」とあるのは、『日本書紀』斉明天皇元年条から二年条にかけて記される一連の土木工事のことを指している。すなわち、小墾田《おはりだ》に瓦葺きの宮を建てようとして失敗し、続いて後《のち》飛鳥岡本宮《あすかのおかもと》を造営したこと、多武峰《とうのみね》に石垣をめぐらし両槻宮《ふたつき》を建てたこと、香具《かぐ》山の西から石上山《いそのかみ》に至る水路を掘り、それを使って石上山の石を運び、宮の東の山に石垣を築いたこと、などがそれである。これらの土木工事は、近年の発掘調査により、実際に行われたことがしだいに明らかにされてきている。

このような工事が行われる中で、斉明天皇・中大兄皇子らに対する反対派の反発が高まっていったことが、事件の背景にあったことは確かであろう。有間皇子は、孝徳天皇と阿倍小足媛との間に生まれた子であり、天皇のただ一人の子であった。天皇には、大后に立てた間人皇女との間をはじめとして、ほかに子はなかったとされる（『日本書紀』大化元年七月戊辰〈二日〉条）。孝徳天皇は「中継ぎ」の大王ではあったが、いったん男帝が大王の地位につくと、やはりその子は、直系として（本来の王統とは異なるが）注目される存在になるのであろう。

十九歳に達した有間皇子は、斉明天皇・中大兄皇子らの政権に不満をもつ人々が結集する核となったのであり、事件は、おきるべくしておきたというべきであろう。「中継ぎ」の大王を立てるならば、女帝（前大王の大后）を立てなければならないとの考えが、群臣らの間で再確認されたのではないかと推定される。

百済救援軍の派遣

有間皇子事件の二年後、斉明天皇・中大兄皇子らの政権にとって、さらに重大な問題が生じた。百済救援軍派遣の問題である。

『日本書紀』によれば、斉明天皇六年（六六〇）九月、百済からの使者が、この年の七月に唐と新羅によって百済が討たれ、義慈《ぎじ》王らが捕虜となり、鬼室福信《きしつふくしん》らの遺臣が果敢な抵抗を続けている、ということを伝えてきた。ついで十月、その鬼室福信からの使者が到着し、救援軍の派遣と、倭（日本）に送られていた王子余豊璋《よほうしょう》の送還を要請してきた。

朝廷では、ただちにその求めに応ずることが決定したようであり、同じ月に、それを宣した斉明天皇の詔が出されている。天皇は救援軍派遣の準備のためにまず難波宮に行幸し、翌年（六六一）の正月には、はやくも筑紫へ向けての軍船を出発させた。天皇自らの出陣であり、中大兄皇子はもとより、大海人皇子やその妻たちもこの一行に加わっていた。遷都にも等しい大移動には、朝廷の長期戦を予期した決意のほどがうかがえるであろう。

一行が筑紫に到着したのは、この年の三月であった。斉明天皇はまず磐瀬《いわせ》の行宮《あんぐう》に入り、五月に朝倉宮《あさくら》に遷った。朝倉社の木を切ってこの宮を造ったため、神が怒って殿舎を壊し、宮の中には鬼火が見えたという記事も載せられている。

そして、七月、斉明天皇はこの朝倉宮で死去したのである。天皇の死については、葬儀を朝倉山の上で大笠を着た鬼が見ていたという奇怪な記事もあり、何者かによって毒殺されたのではないかとする説がある。しかし、五月には近侍の者が多く病死し、六月には伊《い》勢《せ》王も死去したと書かれていることからすると、流行病による死と考えた方がよさそうである。

天智朝の政局と壬申の乱

中大兄皇子の称制と即位

斉明《さいめい》天皇七年（六六一）七月、斉明天皇が死去すると、太子の中大兄《なかのおおえ》皇子による称制《しょうせい》が開始された。『日本書紀』（天智天皇即位前紀）には、「皇太子、素服《あさものみそ》たてまつりて称制《まつりごときこしめ》す」とある。「素服」というのは白い麻の衣服で喪服を指し、「称制」というのは、中国では皇帝が幼少の時に皇太后が皇帝にかわって国政をとることをいうが、この場合の「称制」は、それでは意味がとおらない。即位の式をあげずに天皇（大王）として政務をとることを「称制」と表現した、と解するのがふつうである。「称制」の例としては、このほかには持統《じとう》天皇の例があるのみである。

中大兄皇子が即位したのは、『日本書紀』の本文では、天智天皇七年（六六八）正月三日のこととし、分注に引く一書では、その前年の三月のこととしている（『日本書紀』天智天皇七年正月戊子〈三日〉条）。いずれにしても、称制の期間が長く続いたことになる。

この場合も、なぜ「皇太子」に立てられていた中大兄皇子はすぐに即位しなかったのか、という問題が存在するのであり、先にみた議論はここにもあてはまるのである。ただ、この場合は、百済《くだら》救援軍の派遣、白村江《はくすきのえ》の敗戦、その後の対外防備策などで忙しく、即位の式をあげている時間がなかったこと、そして一代遷宮の原則にしたがって新しい宮での即位を行うことにしていたが、その新宮が近江の大津《おおつ》宮であり、造営に時間がかかったこと、この二点を理由にあげれば、それで十分であろう。天皇不執政論や、中大兄皇子と間人《はしひと》皇女との男女の関係などを持ち出す必要はないといえよう。

新宮での即位が原則であったために即位が遅れたということは、即位が近江遷都の翌年の正月に行われたことに明らかであり、また、『日本書紀』の一書が、即位を天智天皇六年の三月としていることも、その点を示している。近江への遷都が行われたのが、その三月のことなのである（『日本書紀』天智天皇六年三月己卯〈十九日〉条）。

『日本書紀』には、「都を近江に遷《うつ》す。是《こ》の時に、天下《あめのした》の百姓《おおみたから》、都遷すことを願はずして、諷《そ》へ諫《あざむ》く者多し。童謡《わざうた》亦衆《またおお》し。日日夜夜《ひるよる》、失火《みずながれ》の処《ところ》多し」とあり、遷都には反対の人々も多かったようである。天智朝の政局も、けっして安定したものではなかったとみられるが、この間、王位をめぐる争いや「謀反」は伝えられていない。このことは、対外的緊張状態のなかで、国内の争いがおさえられたという面もあろうが、王統の原則にかなった本来の王統の担い手（中大兄皇子）が君主の座にあったため、争いがなかった、という面もあったと推定される。

倭姫王の立后

天智天皇が大后《おおきさき》に立てたのは、古人大兄皇子の女の倭姫《やまとひめ》王であった（『日本書紀』天智天皇七年二月戊寅〈二十三日〉条）。本来は、前大王の女を妻とし、大后に立てなければならなかったが、孝徳天皇には女はなく、舒明天皇の女は同母妹の間人皇女一人である。天智天皇は、前大王の女を大后に立てたくとも、それは存在しなかったのである。そこで、それに次ぐ近親者として、メイの倭姫王が選ばれたものと考えられる。

倭姫王の具体的行動を伝える記事は『日本書紀』にはみえないが、大海人皇子が吉野に入る際に、病床の天智天皇に、天皇の死後のこととして、大后（倭姫王）の即位ないし称制を求めたという記事があり（具体的には後述）、倭姫王が輔政ないし共治にあたっていたことは推測できる。

系図11　天智天皇の妻子(1)

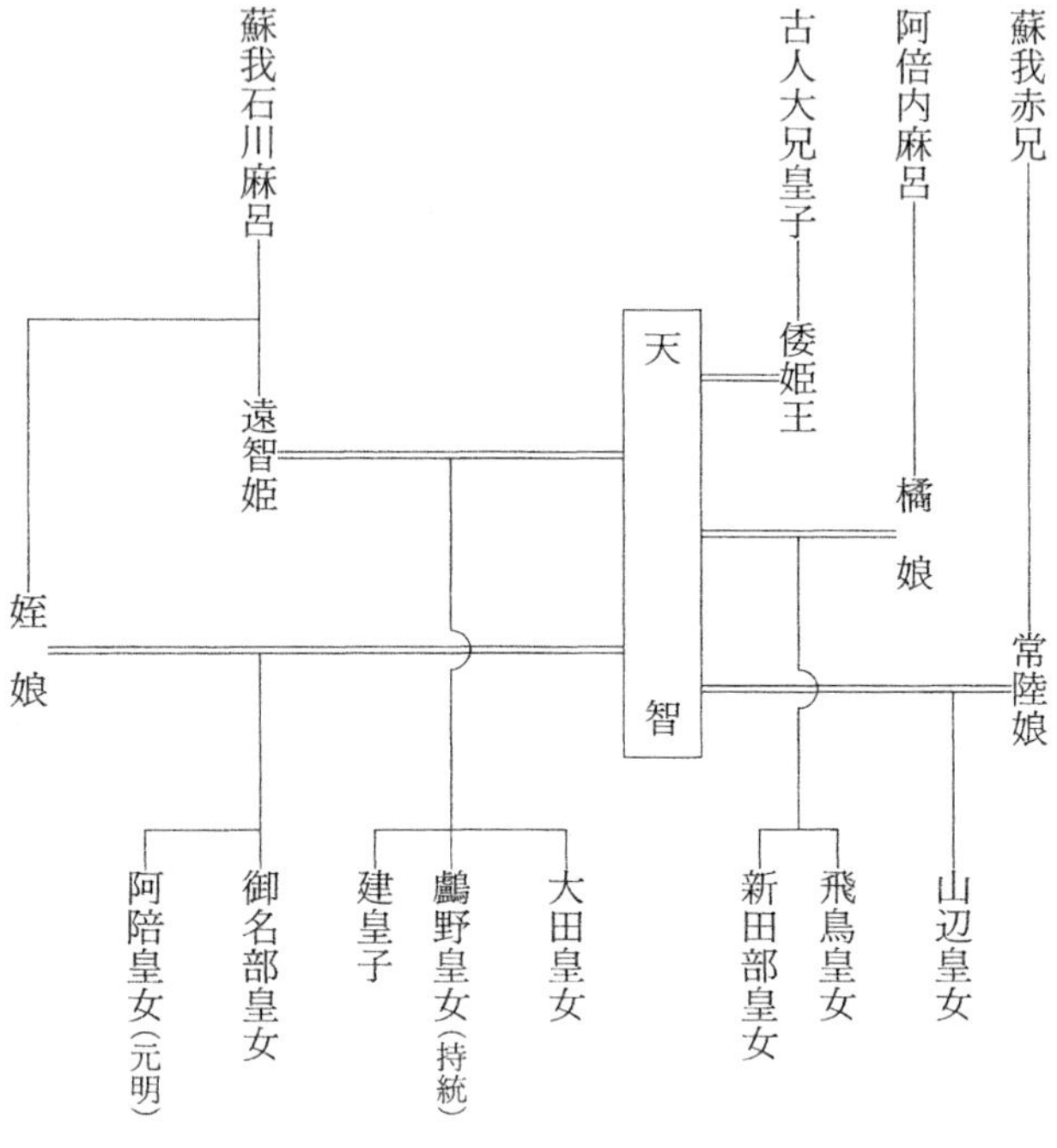

しかし、この大后倭姫王との間に子はなかったのであり、天智天皇は、王統の原理にかなった後継者をもうけることができなかったのである。天皇は、ほかにも多くの妻をもったが、生まれた男子はさほど多くはなかった。蘇我石川麻呂の女の遠智娘《おちのいらつめ》との間に生まれた建《たける》皇子、忍海造《おしぬみのみやつこ》小竜《おたつ》の女の色夫古娘《しこぶこのいらつめ》との間に生まれた川嶋皇子、道君伊羅都売《みちのきみいらつめ》との間に生まれた施基《しき》皇子、伊賀采女《いがのうねめ》宅子娘《やかこのいらつめ》との間に生まれた大友皇子、の四人である（系図11・12参照）。

系図12　天智天皇の妻子(2)

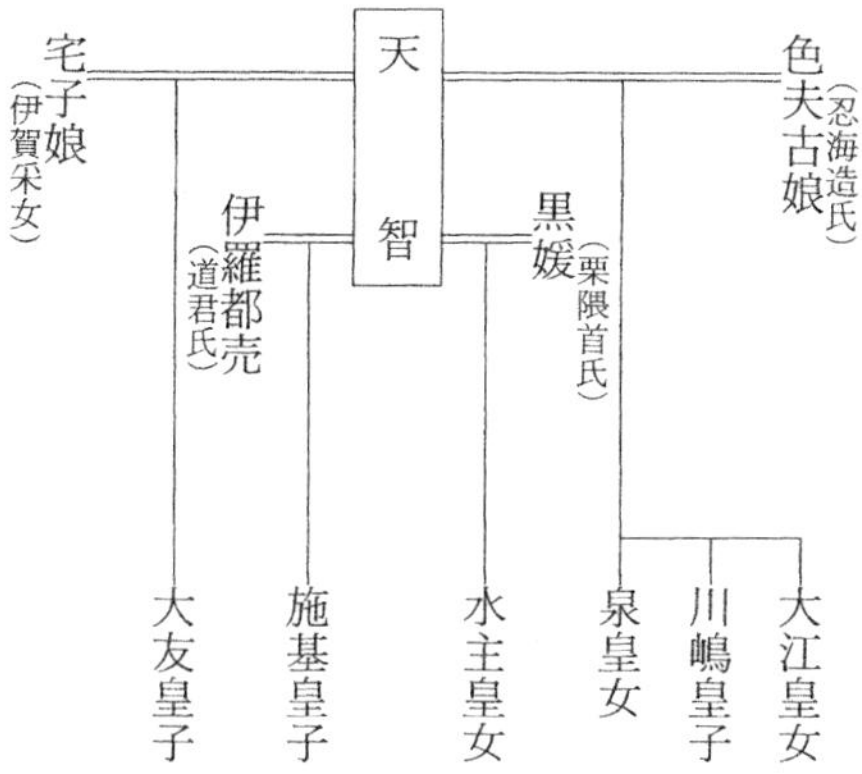

このうち、建皇子は斉明天皇四年に八歳で亡くなっており（『日本書紀』斉明天皇四年五月条）、あとの三人は、いずれも小豪族ないし地方豪族出身の女性を母とする男子であった。最年長者が大友皇子であり、大友皇子は、君主としての力量もそなえていたようである。『懐風藻』には、皇子の風貌・人格・才能をほめた文章が載せられている。天智天皇は、大后との間に子が生まれなかったため、最終的にはこの大友皇子を、自

らの後継者に選んだのである。

大友皇子の太政大臣

『懐風藻』の大友皇子伝には、次のように述べられている。

皇太子（大友皇子）は、淡海帝《おうみのみかど》（天智天皇）の長子なり。（中略）年甫《としはじ》めて弱冠、太政大臣に拝《め》され、百揆を総《す》べて試みる。皇子博学多通、文武の材《さい》幹《かん》有り。始めて万機を親《しら》しめすに、群下《ぐんか》畏服《いふく》し、粛然にあらずといふこと莫《な》し。年二十三、立ちて皇太子と為《な》る。（中略）太子天性明悟《てんせいめいご》、雅《もと》より博古《はくこ》を愛《この》ます。筆《ふみて》を下《おろ》せば章と成り、言に出せば論と為る。時に議する者其《ひと》の洪学《こうがく》を歎《なげ》かふ。未だ幾《いく》ばくもあらぬに文藻《ぶんそう》日に新《あらた》し。壬申の年の乱に会ひて、天命遂《と》げず。時に年二十五。

これによれば、大友皇子は、「弱冠」（二十歳）にして太政大臣に任じられ、二十三歳の時に「皇太子」に立てられたことになる。二十歳の時というのは天智天皇六年（六六七）にあたり、二十三歳の時は天智天皇九年（六七〇）にあたる。もちろん『日本書紀』には、大友皇子の立太子の記事はなく、太政大臣に任じられたのも、天智天皇十年のこととしている。両者には重大な違いがあるが、おそらくこれは、『日本書紀』の方が事実を伝えているのであろう。

『日本書紀』の天智天皇十年正月癸卯（五日）条には、

是の日に、大友皇子を以て、太政大臣に拝《め》す。蘇我赤兄臣を以て、左大臣とす。中《なか》臣金連《とみのかねのむらじ》を以て、右大臣とす。蘇我果安臣《はたやすのおみ》・巨勢人臣《こせのひとのおみ》・紀大人臣《きのうしのおみ》を以て、御史大《ぎょしたい》夫《ふ》とす。御史は、蓋《けだ》し今の大納言か。

とあり、太政大臣の任命は、ここにあるとおり、左右大臣・御史大夫の任命と一連のものであったとみた方が自然である。『日本書紀』のこの記事は、「御史大夫」という令制にない官職名がみえることからも、信憑性は高いと考えられる。

『懐風藻』が、太政大臣任命を二十歳の時としたのは、成人に達したそのはじめから、大友皇子が政治にたずさわっていたことを示そうとしたものであろう。また、二十三歳で「皇太子」に立てられたとあることについては、なぜ二十三歳の時としたかは不明であるが、「皇太子」に立てられたとしたのは、天智天皇が大友皇子を後継者に定めたことにもとづいての作文と推定される。

大友皇子の太政大臣任命は、それが近江令に定められた官制にもとづくか、あるいは単行法によるものかは別として、大友皇子を後継者に定めた天智天皇の意志表示と結びついていたことは確かであろう。大友皇子を太子に立てることは、その母の出自からして困難であったが、太政大臣に任命し、『懐風藻』にあるように「百揆を総べて試みる」「万機を親しめす」という太子の役割（すなわち王権を分掌して輔政にあたる）を果たさせることによって、天智天皇の後継者としての地位を示し、その合意をえようとした、と考えられるのである。

天智天皇は、大后倭姫王との間にもはや子（男子）は生まれないと判断した段階で、大友皇子を後継者に定めたのであろう。天皇が亡くなる直前、大友皇子と左右大臣・御史大夫らが、天皇の前で「天皇の詔」に違わないとの誓盟を行ったとあるが（『日本書紀』天智天皇十年十一月丙辰〈二十三日〉条）、ここにいう「天皇の詔」は、大友皇子を後継者とし、その皇子を左右大臣・御史大夫らが支えることを内容としていたと考えてまちがいない。

大海人皇子の輔政

一方、『日本書紀』の天武天皇即位前紀には、大海人《おおあま》皇子（天武天皇）が、「天命《あめみことひらかすわけ》開別天皇（天智天皇）の元年に、立ちて東宮《もうけのきみ》と為りたまふ」とあり、天智天皇の後継者に立てられていたとされる。ここにいう「元年」は、天智天皇が即位した年、すなわち天智天皇七年（六六八）のことを指しているが、天智紀には、立太子の記事はみえない。天智紀にも、大海人皇子を指して「東宮」という表現はみえるが、「王権の構造」の章でも述べたとおり、大海人皇子の立太子は事実ではなく、壬申の乱によって即位した天武天皇の正当化のために、このような記事が作られ、表現が用いられたものと考えられる。

天智天皇のもとで太子が立てられるとしたならば、それは、大后倭姫王との間に生まれた男子でなければならず、その男子が生まれる可能性のある限り、大海人皇子も大友皇子も、太子に立てられることはなかったはずである。

ただし、大海人皇子は、輔政者の役割は果たしていたようである。『日本書紀』によれば、天智天皇三年二月の「甲子の宣」は、「大皇弟」（大海人皇子）に命じて宣せられたとあり、同七年五月の蒲生野《がもうの》への薬猟、八年五月の山科野《やましなのの》への薬猟には、天智天皇にしたがった人々の最初に大海人皇子の名があげられている。また、八年十月には、中臣鎌足の臨終に際し、天智天皇は、「東宮大皇弟を藤原内大臣の家に遣わして、大織冠と大臣の位を授」けたとされる。

天智天皇も、大友皇子を後継者に定める以前においては、大海人皇子の輔政者としての地位をみとめていたのであろう。しかし、大友皇子を太政大臣に任じた段階においては、もはやこのような大海人皇子の存在は、危険なものと考えられるようになっていたにちがいない。

『日本書紀』天智天皇十年十月庚辰（十七日）条には、次のような記事がある。

天皇、疾病《みやまい》弥留《おも》し。勅して東宮を喚《め》して、臥内《おおとの》に引入れて、詔して曰《のたま》はく、「朕、疾《やまい》甚《はなはだ》し。後事《のちのこと》を以て汝《いまし》に属《つ》く」と、云云。是に、再拝《おが》みたてまつりたまひて、疾《やまい》を称《もう》して固辞《いな》びまうして、受けずして曰《もう》したまはく、「請《こ》ふ、洪業《ひつぎ》を奉《あ》げて、大后に付属《さず》けまつらむ。大友王をして、諸政《もろもろのまつりごと》を奉宣《のたま》はしめむ。臣《やつかれ》は請願《こ》ふ、天皇の奉為《おおみため》に、出家して修道せむ」とまうしたまふ。天皇許す。

同じことは、天武天皇即位前紀にもみえており、そこには次のように記されている。

天皇、臥病《みやまい》したまひて、痛みたまふこと甚し。是に、蘇賀臣安麻侶《そがのおみやすまろ》を遣して、東宮を召して、大殿《おおとの》に引き入る。時に安麻侶は、素《もと》より東宮の好《よみ》したまふ所なり。密に東宮を顧《かえり》みたてまつりて曰さく、「有意《こころしら》ひて言《のたま》へ」とまうす。東宮、茲《ここ》に、隠《かく》せる謀《はかりごと》有らむことを疑ひて慎みたまふ。天皇、東宮に勅して鴻業《あまつひつぎのこと》を授く。乃《すなわ》ち辞譲《いな》びて曰《もうしたま》はく「臣が不幸《さいわいな》き、元より多《さわ》の病《やまい》有り。何《いかに》ぞ能《よ》く社稷《くにいえ》を保《たも》たむ。願はくは、陛《き》下《み》、天下を挙げて皇后に附《よ》せたまへ。仍《なお》、大友皇子を立てて、儲君《もうけのきみ》としたまへ。臣は、今日出家して、陛下の為に、功徳を修《おこな》はむ」とまうしたまふ。天皇、聴《ゆる》したまふ。

前者には、蘇賀臣安麻侶の言葉から大海人皇子が天智天皇の「隠せる謀」を察知したという話は載せられていないが、天智天皇が、本心から大海人皇子に王位を継承させようとしたとは考え難い。大海人皇子が出家して吉野に入った二ヵ月後の天智天皇十年十二月、天智天皇は近江の大津宮で死去した。享年四十六歳であった。

天智天皇の死後、近江朝廷において、大友皇子が即位したかどうか、『日本書紀』には記事がない。たとえ即位したとしても、『日本書紀』には即位の記事は載せられなかったであろう。

壬申の乱

天智天皇の死の翌年（六七二）、壬申の乱がおき、大友皇子は敗れて自殺し、勝利した大海人皇子はその翌年（六七三）の二月、飛鳥浄御原宮《あすかきよみがはら》で即位した。『日本書紀』は、壬申の乱の年を天武天皇元年と数えており、即位の年は、天武天皇二年ということになる。

壬申の乱が、大友皇子と大海人皇子の王位継承争いという性格をもつことは明らかであるが、この乱は、大規模な内乱にまで発展したものであり、単なる王位継承争いではなく、ほかにも大きな原因・背景が存在したであろうとみられている。しかし、その原因・背景をいかに考え、乱の意義をどのように考えるかということになると、共通した理解のえられていないのが現状である。

この問題は、律令国家の本質をいかに考えるかという議論とも結びついており、簡単には論ずることのできない問題である。本書でも、この点、素通りにせざるをえないのであるが、ただ、王位継承争いということに関していえば、王統の原理に直接かかわる深刻な争いであったことが指摘できるであろう。

つまり、近親婚による所生子が王統を継承するという特殊な父子直系継承を原理とするなかで、近親婚による所生子（母も王家の女性）であることをより重視すれば大海人皇子となり、父子直系をより重視すれば大友皇子になるという事態に陥ったのである。天智天皇は、原理にかなった子が生まれなかったため、最終段階で大友皇子を後継者に定めたが、結局、群臣らの合意はえることができなかった。壬申の乱が大規模なものに発展した理由の一つに、王位継承争いが王統の原理にかかわる、そのかかわり方にあった、という点があげられるであろう。

草壁皇子と大津皇子

天武天皇の大后と妻子

天武天皇二年（六七三）二月、天武天皇は、即位すると同時に鸕野《うの》皇女（持統天皇）を「皇后」（大后《おおきさき》）に立てた（『日本書紀』天武天皇二年二月癸未〈二十七日〉条）。いうまでもなく、鸕野皇女は天智天皇の女であり、この婚姻はオジメイ婚である。大后との間には、すでに草壁皇子が生まれており、草壁皇子は、天智天皇元年（六六二）の生まれであるから（『日本書紀』持統天皇称制前紀）、この年には十二歳であったことになる。

天武天皇は、ほかにも多くの妻子をもったが、大后鸕野皇女の姉の大田《おおた》皇女との間には、大津皇子が生まれており、大津皇子は、朱鳥《しゅちょう》元年（六八六）の大津皇子事件当時二十四歳であるから（『日本書紀』持統天皇称制前紀）、この時は十一歳である。なお、大田皇女は、天智天皇六年（六六七）二月に皇極天皇の陵の前の墓に葬られたとあり（『日本書紀』天智天皇六年二月戊午〈二十七日〉条）、天武天皇が即位する以前に死去している。

天武天皇の長男は、胸形君徳善《むなかたのきみとくぜん》の女の尼子娘《あまこのいらつめ》との間に生まれた高市《たけち》皇子であり、高市皇子の年齢は『日本書紀』には伝えがないが、『扶桑略記』に薨年四十三歳とあるのにしたがえば、この時、二十歳であったことになる（天武天皇の妻子については、系図13〜15および表5参照）。

天武天皇の婚姻で目立った特徴は、兄である天智天皇の女を四人も妻にしていることである。鸕野皇女・大田皇女・新田部《にいたべ》皇女・大江《おおえ》皇女の四人であり、それぞれに、草壁皇子・大津皇子・舎人《とねり》皇子・長《なが》皇子と弓削《ゆげ》皇子が生まれている。おそらくこれは、天智天皇が近親婚による所生子をもうけることができずに、壬申の乱となった体験をふまえてのことであろう。壬申の乱の段階での近親婚の妻は鸕野皇女一人であり（大田皇女はすでに死去）、新田部皇女と大江皇女は、いずれも即位後に妻に迎えたものと推定される。両皇女との間に生まれた三人の皇子のうち、最年長が舎人皇子であるが、舎人皇子の生まれは、『公卿補任《くぎょうぶにん》』に薨年六十歳とあるのによれば、天武天皇五年（六七六）である。

吉野の盟約

『日本書紀』天武天皇八年（六七九）五月条には、いわゆる吉野の盟約についての記事がある。

五月の庚辰《かのえたつ》の朔《ついたち》甲申《きのえさるのひ》（五日）に、吉野宮に幸す。

乙酉《きのとのとりのひ》（六日）に、天皇、皇后及び草壁皇子尊《くさかべのみこのみこと》・大津皇子・高市皇子・河嶋《かわしま》皇子（川嶋皇子）・忍壁《おさかべ》皇子・芝基《しき》皇子（施基皇子）に詔して曰はく、「朕、今日、汝等と倶《とも》

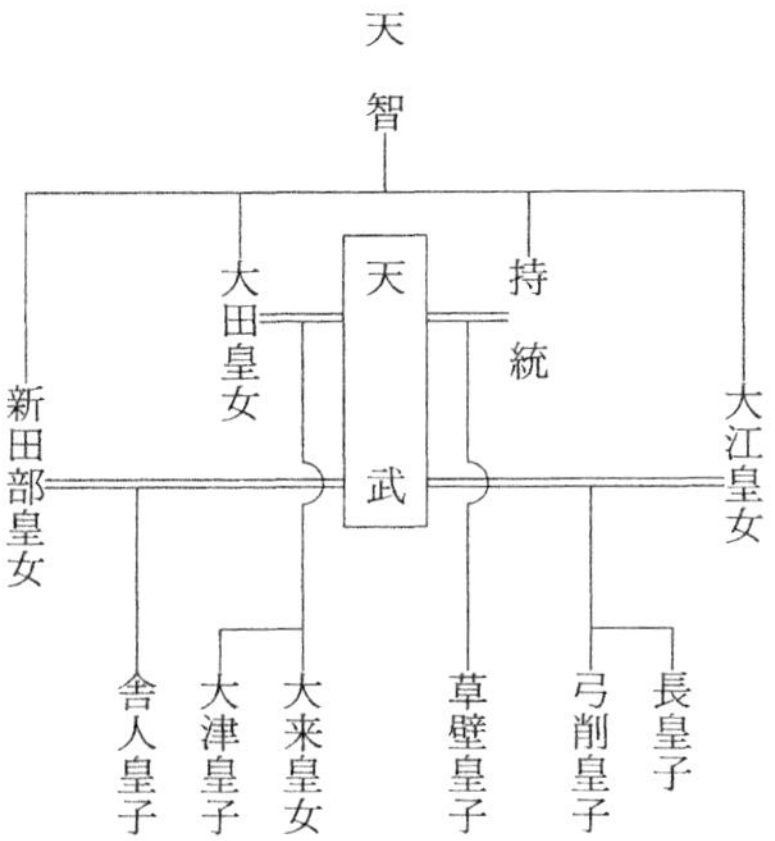

系図13　天武天皇の妻子(1)

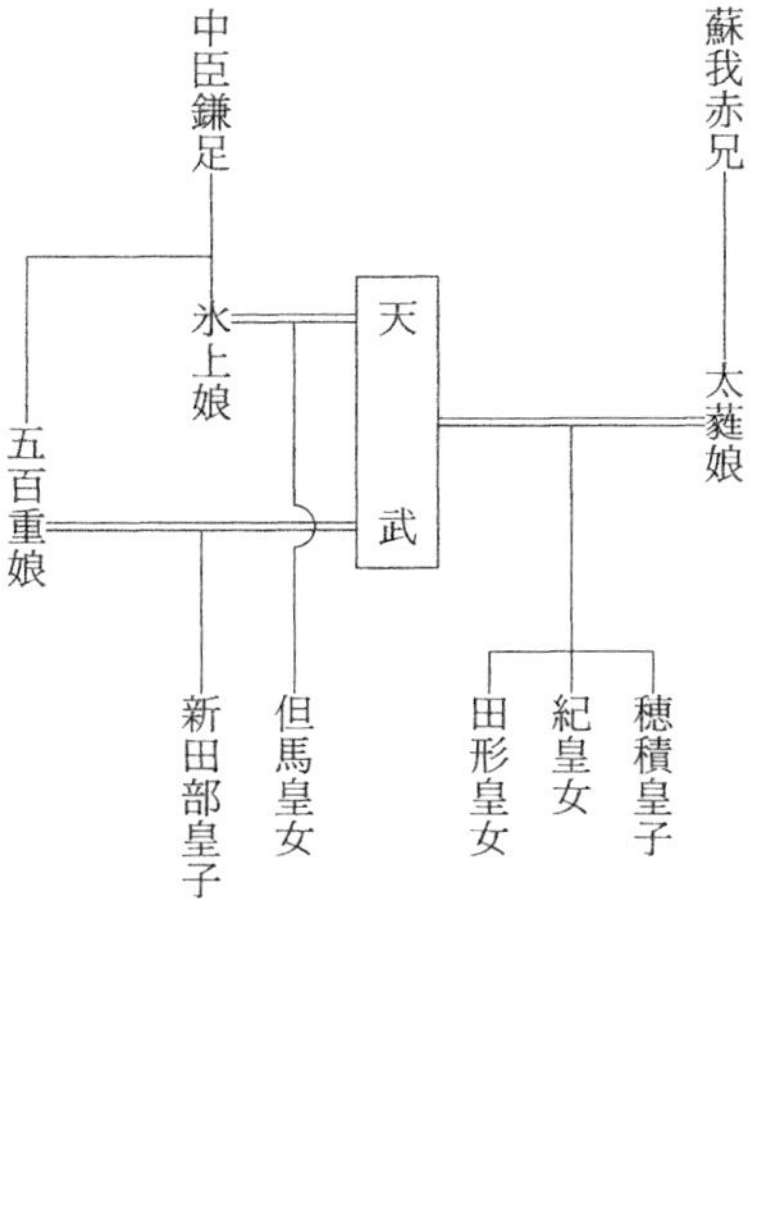

系図14　天武天皇の妻子(2)

系図15　天武天皇の妻子(3)

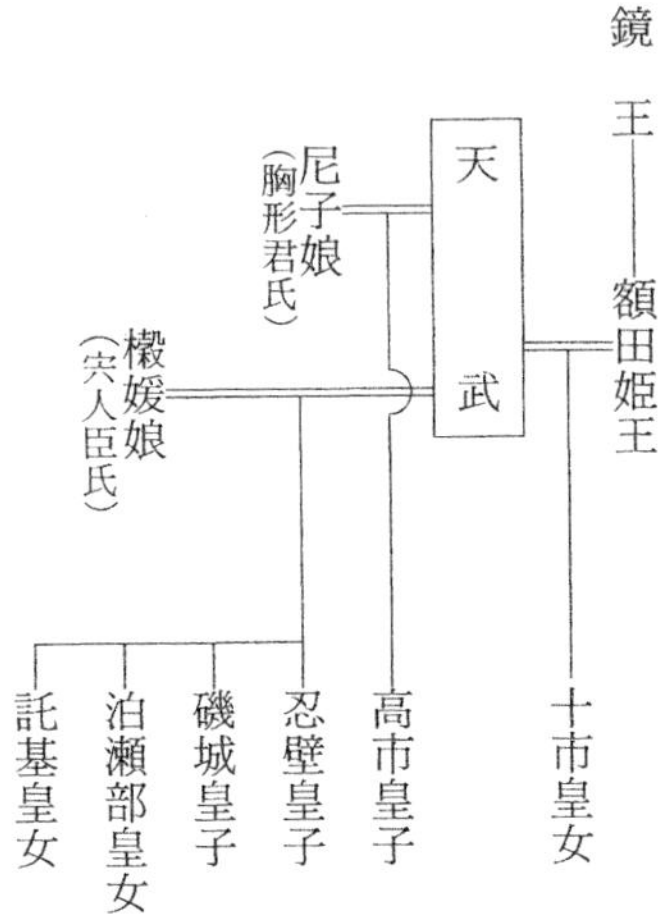

に庭《おおば》に盟《ちか》ひて、千歳《ちとせ》の後に、事無からしめむと欲《おもほ》す。奈之何《いかに》」とのたまふ。皇子等、共に対《こた》へて曰さく、「理実灼然《ことわりいやちこ》なり」とまうす。則ち草壁皇子尊、先《ま》づ進みて盟ひて曰さく「天神《あまつかみ》地祇《くにつかみ》及び天皇、証《あきら》めたまへ。吾兄弟長幼、并《あわせ》て十余王、各異腹《ことはら》より出でたり。然れども同じきと異なりと別かず、倶に天皇の勅に随《したが》ひて、相扶《あいたす》けて忤《さか》ふること無けむ。若《も》し今より以後《のち》、此の盟の如くにあらずは、身命《いのち》亡《ほろ》び、子孫絶えむ。忘れじ、失《あやま》たじ」とまうす。五《いつはしら》の皇子、次《つい》でを以て相盟ふこと、先の如し。然して後に、天皇曰はく、「朕が男等《こども》、各異腹にして生れたり。然れども今一母同産《ひとつおもはらから》の如く慈《めぐ》まむ」とのたまふ。則ち襟《みそのひも》を披《ひら》きて其の六《むゆたり》の皇子を抱きたまふ。因りて盟ひて曰はく、「若し茲《こ》の盟に違《たが》はば、忽《たちまち》に朕が身を亡さむ」とのたまふ。皇后の盟ひたまふこと、且《また》天皇の如し。

この盟約は、ふつういわれているとおり、天武天皇が諸皇子に対し、互いに争いをおこすことのないよう、壬申の乱に関係の深い吉野の地で誓約させたもの、とみてよいであろう。ここに参加した六人の皇子は、天武天皇の一〇人の皇子のうちの四人と、天智天皇の皇子の河嶋皇子・芝基皇子の二人である。天武天皇の残りの六人の皇子が参加していないのは、いまだ幼少であったか、あるいは生まれていなかったからと考えられる。この時点で、二十歳をこえていたのは、高市皇子と河嶋皇子の二人だけであるが、草壁皇子は十八歳、大津皇子は十七歳になっており、忍壁皇子・芝基皇子も十四、五歳にはなっていたと推定される。参加した六人の皇子の序列については、母の出自により、まず草壁皇子・大津皇子の二人と、高市皇子以下の四人にわけ（前者は王家の女性を母とし、後者は氏出身の女性を母とする）、そのそれぞれは、年齢の順によったものと考えられる。

表5　天武天皇の皇子

	年齢順	序列	母
高市皇子	1	8	尼子娘（胸形君徳善の女）
草壁皇子	2	1	持統（天智の女）
大津皇子	3	2	大田皇女（天智の女）
忍壁皇子	4	9	檝媛娘（宍人臣大麻呂の女）
磯城皇子	5	10	同　右
舎人皇子	6	3	新田部皇女（天智の女）
長　皇子	7	4	大江皇女（天智の女）
穂積皇子	8	5	太蕤娘（蘇我赤兄の女）
弓削皇子	9	6	大江皇女（天智の女）
新田部皇子	10	7	五百重娘（中臣鎌足の女）

この盟約において、草壁皇子の王位継承者としての地位がはじめて示されたとの見方もあるが、大后に立てられたのが草壁皇子の母の鸕野皇女であったことからすれば、その立后の時点ですでに、草壁皇子の後継者としての地位は定まっていたとみるべきであろう（ただし、草壁皇子の君主としての力量に問題がない限りにおいてである）。もっとも、この盟約を鸕野皇女の立后の儀式とする説もあるが、鸕野皇女は、壬申の乱の時から天武天皇を助けてともに戦ったとされており（『日本書紀』持統天皇称制前紀）、天武天皇の即位と同時に大后に立てられたとして当然である。

ここでは、六人の父母を異にする皇子を、いずれも天武天皇と大后鸕野皇女の実子とみなすことが強調されているのであり、吉野の盟約は、草壁皇子の王位継承者としての地位を再確認するとともに、天智天皇の皇子も含め、皇子の間での争いをいましめたものと考えるのが妥当であろう。

草壁皇子の立太子

天武天皇十年（六八一）二月二十五日、『日本書紀』には、「是の日に、草壁皇子尊を立てて、皇太子とす。因りて、万機《よろずのまつりごと》を摂《ふさねおさ》めしめたまふ」とある。草壁皇子はこの年、二十歳であり、予定どおりの立太子ということができる。また、ここに万機を摂るとあるのは、「王権の構造」の章で述べたように、王権を分掌して輔政の任にあたることを指している。

大后の鸕野皇女の地位については、『日本書紀』持統天皇称制前紀に、

> 二年（天武天皇二年）に立ちて皇后と為《な》りたまふ。皇后、始《はじめ》より今に迄《いた》るまでに、天皇を佐《たす》けまつりて天下を定めたまふ。毎《つね》に侍執《つかえまつ》る際《あいだ》に、輒《すなわ》ち言《こと》、政事《まつりごと》に及びて、毗《たす》け補《おぎな》ふ所多し。

とあり、まさに共治者・輔政者であったことが知られる。天武朝は、大王（天皇）の近親婚の相手が大后（皇后）に立てられ、その間に生まれた男子が成人（二十歳）に達すると太子（皇太子）に立てられ、この三者によって王権が分掌されるという、王統の原理と一体となった王権の本来のあり方が実現された時代であった。

ただし、草壁皇子の君主としての力量には、問題があったようである。草壁皇子の立太子の二年後には、「大津皇子、始めて朝政を聴《きこ》しめす」（『日本書紀』天武天皇十二年二月朔条）とあり、大津皇子も、草壁皇子と同様の地位についている。

この「朝政を聴く」については、成人に達した大津皇子が（皇子はこの時、二十一歳）、一人の王族として国政に参与するようになったにすぎないとの見方もある。天武朝は、いわゆる皇親政治の行われた時代であり、一世王（親王）を含めて王族が多く国政に参与し

た時代である。それまでは、王族、とくに一世王は、太子（それが立てられない場合は一人の輔政者）を除き、国政からは疎外されていたのであるが、壬申の乱で多くの大夫層・官人層を失った天武朝においては、王族の官人化が進むと同時に、一世王も一人に限らず、国政にかかわるようになったのである。高市皇子・河嶋皇子らの国政参与を示す記事は、『日本書紀』に散見される。

しかし、「朝政を聴く」ということは、皇太子首《おびと》皇子（聖武天皇）の場合の、「皇太子始《はじ》めて朝政を聴く」（『続日本紀』養老三年〈七一九〉六月丁卯〈十日〉条）という用例に照して、やはり、太子に準ずる地位につくことを指しているとみるべきであろう。太子の草壁皇子と、それに準ずる地位の大津皇子の二人が並び立つことは、政局の安定ということからすれば、好ましいはずはないが、なぜ、あえてこのような措置がとられたのであろうか。

この時の天武天皇自身の心中を知ることはできないが、当時、草壁皇子より大津皇子の方が王位継承者としてふさわしい、との考えをもつ群臣が少なからず存在したことは、まちがいないであろう。大津皇子は、その出自においては草壁皇子とかわりはなく、『日本書紀』や『懐風藻』に人格・能力をたたえた文章が伝えられており、とくに『懐風藻』には「節《せつ》を降《くだ》して士を礼《いや》びたまふ。是れに由《よ》りて人多く附託《ふたく》す」とあり、人望の大きかったことも伝えられている。これに対して草壁皇子は、その人格・能力をほめたような伝えはなく、若くして死んでいることからすると、健康上の問題もあったのではないかと推測される。

ただ最終的には、天武天皇は、草壁皇子を後継者と判断したと考えられる。死の二ヵ月前に、「天下の事、大小を問《い》はず、悉《ことごとく》に皇后及び皇太子に啓《もう》せ」と勅したとされているからである（『日本書紀』朱鳥元年七月癸丑〈十五日〉条）。天皇は、「皇太子」（草壁皇子）が後継者であることを改めて宣言し、自身が死んだ後の争いをおさえようとしたのであろうが、現実には、争いを避けることはできなかったのである。

大津皇子事件

天武天皇の死の直後に、大津皇子の「謀反」がおき、皇子は捕えられて死罪となった。『日本書紀』（持統天皇称制前紀）には、事件を次のように記している。

（朱鳥元年）冬十月の戊辰《つちのえたつ》の朔己巳《つちのとのみのひ》（二日）に、皇子大津、謀反《みかどかたぶ》けむとして発覚《あらわ》れぬ。皇子大津を逮捕《から》めて、幷《あわせ》て皇子大津が為に詿誤《あざむ》かれたる直広肆《じきこうしゃ》八口朝臣《くちあそみ》音《おと》櫃《かし》・小山下《しょうせんげ》壱伎連博徳《いきのむらじはかとこ》と、大舎人中臣朝臣臣麻呂《なかとみのあそみおみまろ》・巨勢朝臣多益須《こせのあそみたやす》・新羅沙門《しらぎのほうし》行《こう》心《じん》、及び帳内《とねり》砺杵道作《ときのみちつくり》等、三十余人を捕《から》む。

庚午《かのえうまのひ》（三日）に、皇子大津を訳語田《おさだ》の舎《いえ》に賜死《みまからし》む。時に年二十四なり。妃《みめ》皇女山《やま》辺《のべ》、髪を被《くだしみだ》して徒跣《そあし》にして、奔《はし》り赴《ゆ》きて殉《ともにし》ぬ。見る者皆歔欷《なげ》く。皇子大津は、天渟《あまのぬ》中原瀛真人《なはらおきのまひと》天皇（天武天皇）の第三子なり。容止《みかお》墻《たか》く岸《さが》しくして、音辞《みことば》俊《すぐ》れ朗《あきらか》なり。天命開別《あめみことひらかすわけ》天皇（天智天皇）の為に愛《めぐ》まれたてまつりたまふ。長《ひととなる》に及《いた》りて弁《わきわき》しくして才学有《かどま》す。尤《もつと》も文筆《ふみつくること》を愛《この》みたまふ。詩賦《しふ》の興《おこり》、大津より始れり。

丙申《ひのえさるのひ》（二十九日）に、詔して曰はく、「皇子大津、謀反けむとす。詿誤かれたる吏《つかさ》民《ひと》・帳内は已《や》むこと得ず。今皇子大津、已《すで》に滅びぬ。従者《ともびと》、当《まさ》に皇子大津に坐《かか》れらば、皆赦《ゆる》せ。但し砺杵道作は伊豆《いず》に流《ながしつかわ》せ」とのたまふ。又詔して曰はく、「新羅沙門行心、皇子大津謀反けむとするに与《くみ》せれども、朕加法《つみ》するに忍《しの》びず。飛騨国の伽藍《てら》に徙《うつ》せ」とのたまふ。


また、天武紀には、朱鳥元年九月二十四日のこととして、「南庭《みなみのおおば》に殯《もがり》す。即ち発哀《みねたてまつ》る。是の時に当りて、大津皇子、皇太子を謀反《かたぶ》けむとす」とあり、事件は、天武天皇の殯宮で九月二十四日におきたとされている。持統天皇称制前紀では、事件の発覚を十月二日としているが、これは大津皇子らが逮捕された日であり、称制前紀は、事件の発覚もその日にかけて記したものと考えられる。事件の発生した日は、天武紀に記す九月二十四日が正しいであろう。

この事件については、事件にかかわったとして三十余人が逮捕されているにもかかわらず、実際に処罰されたのは流罪となった砺杵道作と、左遷された行心だけであることから、持統天皇によって仕組まれた事件である、との見方が有力である。すなわち、持統天皇は、自身の子である草壁皇子を王位につけるために、そのライバルである大津皇子を除いた、とされるのである。

たしかに、大津皇子が持統天皇側の挑発に乗ったという面はあったと考えられる。『懐風藻』の大津皇子伝には、皇子が行心にそそのかされて「不軌《ふき》を図《はか》」ったとあり、同書の河嶋皇子伝には、大津皇子と親友の契《ちぎり》を結んだ河嶋皇子が、大津皇子の謀反を告げたと書かれている。これらの記事からすれば、大津皇子自身が「謀反」を計画したこともまた、事実とみなければならないであろう。

天武天皇の殯と草壁皇子

そして、大津皇子が除かれたからといって、すぐに草壁皇子の即位が可能であったのではなかった。事件の後も、前大后（持統天皇）による称制が続いたのであり、草壁皇子即位の合意は、なかなかえられなかったのである。

天武天皇の殯宮の儀礼は、持統天皇二年（六八八）の十一月まで続いたが、二年以上の長期間におよんだことが注意される。この間、草壁皇子は、何度も群臣を率いて殯宮にもうでているが（『日本書紀』持統天皇元年正月朔条、同庚午〈五日〉条、五月乙酉〈二十二日〉条、十月壬子〈二十二日〉条、二年正月朔条、十一月戊午〈四日〉条）、これは、殯宮儀礼をとおして、草壁皇子の即位の合意をえようとしたものと考えられる。逆にいえば、合意をえるのにそれだけの時間が必要であったということである。

大津皇子が除かれてもなお、草壁皇子がすぐに即位できなかったというのは、君主としての力量に疑問がもたれていたから、と考えるほかはないであろう。最終的には、「皇祖《すめみま》等《たち》の騰極《ひつぎ》の次第《ついで》」が誄《しのびごと》され、殯宮儀礼が終了したのであるから（『日本書紀』持統天皇二年十一月乙丑〈十一日〉条）、この段階で、草壁皇子即位の合意はえられたはずである。

しかし、翌年の四月に、草壁皇子は二十八歳の若さで死んでしまうのであり、おそらく健康上の理由により、その後も即位の式をあげることができずにいたのであろう。

持統天皇の即位と譲位

持統天皇の即位

草壁《くさかべ》皇子が死去した年の翌年、持統天皇四年（六九〇）正月に、称制《しょうせい》を行ってきた持統《じとう》天皇が即位した。これは、明らかに太子であった草壁皇子の死をうけての即位であり、予定を変更しての即位であったと考えられる。

草壁皇子には、天智天皇の女であり、持統天皇の妹にあたる阿陪《あべ》皇女（元明天皇）との間に、珂瑠《かる》皇子（文武《もんむ》天皇）が生まれていたが、草壁皇子の男子はほかには存在しない。珂瑠皇子は、『懐風藻《かいふうそう》』や『本朝皇胤紹運録《ほんちょうこういんじょううんろく》』に崩年二十五とあることからすると、草壁皇子が死去した時点では、いまだ七歳である。持統天皇の即位は、この珂瑠皇子に王位を伝えるための「中継ぎ」であったとみてまちがいないであろう。

持統天皇の即位については、王位継承者を一人にしぼることができなかったからとする説もあるが、これまで述べてきたとおり、女帝は王位の直系継承を維持するために登場したと考えられるのであり、持統天皇の場合もその例外ではない。ただし、草壁皇子が現実には即位していないことからすると、珂瑠皇子への継承の全体的合意ができていたかどうか、まったく疑問がないわけではない。しかし、持統天皇自身のおもわくとしては、珂瑠皇子に王位を継承させるための即位であり、群臣の多くも、それを妥当としたことは確かであろう。

高市皇子の太政大臣

一方、持統天皇の次は、高市皇子《たけち》が王位継承者として考えられていたとする説もある。持統天皇が即位したその年の七月、高市皇子は太政大臣に任じられるが、この太政大臣を、皇太子に準ずる地位とみての説である。

大宝令以前の太政大臣としては、先にみた大友皇子と、この高市皇子の二例が存在するのみであり、大友皇子の場合は、王位継承者であることを示そうとしての任命であった。高市皇子の太政大臣任命は、前年に施行された飛鳥浄御原令《あすかきよみはらりよう》の官制にもとづくものとみられるが、大友皇子の例からして、この太政大臣も同様の性格をもっていたのではないか、との推測がなされるのももっともなことである。

しかし、高市皇子が持統天皇即位の時点で次の王位継承者と考えられていたならば、なにも持統天皇が即位する必要はなく、高市皇子が即位すればよいであろう。高市皇子はこの時三十七歳になっており、年齢的な問題はなかったはずである。実際には母が地方豪族出身者であるという出自の問題から、高市皇子の即位というのは、ほとんど考えられていなかったであろう。壬申の乱で、大友皇子の王位継承は否定されたのであり、王位継承者の出自は母も王家の女性でなければならないとの原則は、再確認されていたものと推定される。それでは、高市皇子の太政大臣はどのように理解すればよいであろうか。

太子であった草壁皇子が死去し、持統天皇が即位することにより、王権は、大王《だいおう》（天皇）と大后《おおきさき》（皇后）を兼ねる持統天皇一人の手に集中することになったが、大王・大后・太子の三者による分掌形態をあるべき姿としていた当時の認識からすれば、これは好ましくない状態と判断されたにちがいない。高市皇子の太政大臣任命は、そのような情況の中で、王権を分掌し、太政官を統轄する輔政者として任命されたものとみるのが妥当であろう。大友皇子の場合は、王権を分掌する輔政者としての太政大臣に任命されることにより、王位継承者としてみとめられることを期待されたのに対し、高市皇子の場合は、あくまで王権を分掌する輔政者としてのみ位置づけられたと考えられるのである。

珂瑠皇子の立太子

高市皇子は、持統天皇十年（六九六）七月に死去するが、『懐風藻』の葛野王《かどのおう》伝によれば、その直後に、持統天皇が群臣を集めて、日嗣《ひつぎ》を立てることをはからせたとある。高市皇子が王位継承者と考えられていたとする説は、その根拠の一つをここにおいている。しかしこれは、持統天皇が、王権の分掌者を失ったことをきっかけとして、十五歳を目前としていた珂瑠皇子を、本来の王権分掌者である太子（皇太子）に立てようとしたもの、と解すべきであろう。

葛野王伝の記事は、次のとおりである。

（前略）高市皇子薨《みまか》りて後に、皇太后（持統天皇）王公卿士《おうこうけいし》を禁中に引きて、日嗣を立てむことを謀《はか》らす。時に群臣各《おのがじし》私好を挟《さしはさ》みて、衆議紛紜《ふんうん》なり。王子（葛野王）進みて奏して曰はく、「我が国家《みかど》の法《のり》と為《な》る、神代より以来《このかた》、子孫相承《あいう》けて、天位を襲《つ》げり。若《も》し兄弟相及ぼさば則ち乱此《ここ》より興《おこ》らむ。仰ぎて天心を論《かた》らふに、誰か能《よ》く敢《あ》へて測らむ。然《しか》すがに人事を以ちて推《お》さば、聖嗣自然《おのずから》に定まれり。此の外《ほか》に誰か敢へて間然《かんぜん》せむや」といふ。弓削皇子座に在り、言ふこと有らまく欲《ほ》りす。王子叱《いき》び、乃《すなわ》ち止《や》みぬ。皇太后其の一言《いちげん》の国を定めしことを嘉《よ》みしたまふ。（後略）

ここに、衆議がなかなかまとまらなかったとあるのは、当時、王位継承上の原則がなかったから、というのではない。王統の原理からすれば珂瑠皇子であるが、当時十四歳という珂瑠皇子の年齢に問題があったからと考えられる。直系継承を主張した葛野王の一言により日嗣が珂瑠皇子に決定したというのも、その一言が原則にもとづいたものであったからこそ説得力をもち、決定できたとみるべきであろう。

また、持統天皇が葛野王の一言をほめたということからすれば、持統天皇も珂瑠皇子を日嗣と考えていたことは明らかである。この日嗣を定める議というのは、あらかじめ結論の出ていたものであり、持統天皇のデモンストレーションという意味合いが強かったのではないかと推測される。

この議のあった翌年、持統天皇十一年（六九七）二月、十五歳の珂瑠皇子が皇太子に立てられた。二十歳以下の太子（皇太子）は、これが最初である。『日本書紀』には立太子記事はみえないが、持統天皇十一年二月甲午（二十八日）条に、「直広壱《じきこういち》当麻《たぎまの》真人《まひと》国見《くにみ》を以て、東宮大傅《みこのみやのおおきかしずき》とす。直広参《じきこうさん》路《みちの》真人《まひと》跡見《とみ》をもて春宮大夫《みこのみやのつかさのかみ》とす。直大肆《じきだいし》巨勢《こせの》朝臣《あそみ》粟持《あわもち》をもて亮《すけ》とす」とあり、この直前に立太子されたことが推定される。『続日本紀』文武天皇即位前紀にも、「高天原広野姫天皇《たかまのはらひろのひめ》（持統天皇）の十一年、立ちて皇太子と為りたまふ」とある。

そして、その半年後の同年八月、はやくも持統天皇は、皇太子珂瑠皇子に譲位したのである。『日本書紀』には、「天皇、策《みはかりこと》を禁中《おおうち》に定めて、皇太子に禅天皇位《くにさ》りたまふ」と記されている（持統天皇十一年八月朔条）。

持統天皇の譲位

譲位は、皇極天皇についで二例目ということになるが、皇極天皇の場合は、先に述べたとおり、退位させられたという面が強く、自らの意志で自らの意にかなった人物への譲位は、この持統天皇の例が最初である。譲位というのは、譲位する大王（天皇）にとって、自らが王位を伝えようとする人物に確実に伝えることのできる方法であり、この意味において、王権の強化・発展を示すものといってよいであろう。大王終身の原則が長く続いてきたなかで、譲位を行いえたということも、それに対する抵抗をおさえるだけの権力が、持統天皇にそなわっていたことを示している。

ただ、女帝による譲位は、「中継ぎ」という女帝の役割を確実に果たす方法であったともいえるのであり、譲位が女帝にはじまり、この後も元明天皇・元正天皇と女帝によって行われていったことからすると、譲位が行われるようになった理由は、この点に求めなければならないであろう。王権の発展段階において重要な意味をもつ譲位は、最初の男帝による譲位である聖武天皇の譲位にあったとみるべきである。

それはともかく、持統天皇の譲位が急いで行われ、しかもそれは、十五歳になったばかりの珂瑠皇子を立太子させたうえでの譲位であったことは、異例ずくめである。そこに、かなりの抵抗があったことは確かであろう。『懐風藻』葛野王伝に伝えられるような議論の紛糾は、当然であったと考えられる。

多少の無理は承知で、強引に王位の直系継承を実現させていった持統天皇の姿が想定されるのであるが、ただ、その持統天皇の行動を支持する群臣が多数を占めたことも、おそらく事実であろう。持統天皇の年齢は、『本朝皇胤紹運録』に崩年五十八とあることによれば、この時、五十三歳である。余命を考えると、珂瑠皇子の立太子が急がれたのは当然であろう。そして、立太子を実現したのち、譲位の二ヵ月前には病をえているのであり（『日本書紀』持統天皇十一年六月辛卯〈二十六日〉条）、このことが、譲位を急いだ要因になったものと推定される。

持統天皇は、譲位したのちも太上天皇として政権を握っていたと考えられ、最初の「王統の原理とその形成」の章で引用した元明天皇即位の宣命《せんみよう》には、「（文武天皇と）並び坐して此の天下を治め賜ひ諧へ賜ひき」とある。太上天皇と天皇という、新たな王権の分掌形態が出現したのであるが、譲位は、太上天皇を生み出すという新たな事態をもたらすものでもあった。

文武天皇の後継者

　持統太上天皇が死去したのは、大宝二年（七〇二）十二月のことであったが、翌年の正月には、刑部親王（忍壁皇子）が知太政官事《ちだいじょうかんじ》とされている。この知太政官事は、高市皇子の太政大臣を継承したものと考えられ、皇太子ではない（皇嗣としての意味をもたない）王権の分掌者・輔政者であった。持統太上天皇の死により、王権が文武天皇一人に担われるようになったため、忍壁《おさかべ》皇子（天武天皇の子、母は宍人臣大麻呂《ししひとのおみおおまろ》の女の榖媛娘《かじひめのいらつめ》）が知太政官事となり、複数の王族による王権の分掌形態が維持されたのである。

　当時、文武天皇には、夫人の藤原宮子との間に生まれた二歳になる首《おびと》皇子（聖武天皇）があった。『続日本紀』大宝元年（七〇一）是年条に、「是の年、夫人藤原氏に、皇子誕《あれま》す」とある。文武天皇の妻には、ほかに嬪《ひん》である紀竈門娘《きのかまどのいらつめ》と石川刀子娘《いしかわのとねのいらつめ》の二人があったが（『続日本紀』文武天皇元年八月癸未〈二十日〉条。なお、この条には二人は「妃」とあるが、これは「嬪」の誤りと考えられる）、皇后は立てられておらず、妃と称される妻もなかった。これは、文武天皇が王家の女性を妻としていなかったからである。

それまでの王統の原理にしたがうならば、文武天皇は皇女（内親王）、ないしはそれに準ずる王家の女性を妻とし、その間に男子をもうけなければならなかったのであるが、なぜ文武天皇はそうしなかったのであろうか。

まずは、文武天皇には適当な近親婚の相手がいなかったことが指摘できる（河内祥輔、前掲書）。父である草壁皇子の女は、氷高《ひだか》内親王（元正天皇）と吉備《きび》内親王の二人しかなく、いずれも同母の姉妹であって妻にすることはできない。また天智天皇・天武天皇の女では、世代・年齢からいって婚姻相手としてふさわしくないと考えられたのであろう。天智天皇・天武天皇の孫の世代の女性はいたであろうが、それでは王統の原理にかなった近親婚にはならない。

また、このころになると、草壁皇子が早世しかつ子も少なかったこと、文武天皇自身も病弱であることなどから、逆に、近親婚の現実のマイナス面も認識されてきたのではないかと推定される。中国の律令制が本格的に導入されていくなかで、近親婚を不可とする倫理観が生じてきたということも考えられる。

そしてまた、この点については、宮子の父である藤原不比等の存在も無視できないであろう。不比等にとって、文武天皇が王家の女性を妻にしないということは、宮子の所生子をこえる出自の男子が生まれないということ、すなわち、外戚の地位を獲得することを意味している。

このような、いくつかの事情が重なり合ったなかで、王統の原理は、近親婚によらない父子直系へと修正されていったと考えられるのである。

慶雲四年（七〇七）、文武天皇が二十五歳の若さで死去すると、文武天皇の母であり、草壁皇子の妻であった元明天皇が即位したが、これは、聖武天皇がいまだ七歳であったため、聖武天皇への「中継ぎ」としての即位であった。そして、その即位の宣命で、皇位の直系継承（近親婚によらない直系継承）を内容とする「不改常典《ふかいじょうてん》」が強調されることになったのである。

あとがき

いつの時か、はっきりとは記憶していないが、大学院に入って（一九七三年四月）まもない頃だったと思う。高群逸枝《たかむれいつえ》氏の『日本婚姻史』（至文堂、一九六三年）を読んだ。そこでの、天皇には系のみがあって、族もなければ家もない、との叙述に強く引かれた。その頃は、天皇（大王）とその一族も、本来は一個の豪族であり、奈良盆地の東南部を本拠とした最大にして最強の豪族であったと考えていたからである。

このような考えは、高校時代の日本史の教科書に載せられていた大和地方（奈良盆地）の豪族分布図によるところが大きい。その分布図は、岸俊男氏が「ワニ氏に関する基礎的考察」（『日本古代政治史研究』塙書房、一九六六年、所収）において作成された図を原図としたものであった。そこには、和珥《わに》氏・葛城《かずらき》氏・蘇我氏・大伴氏・物部氏などとならんで、皇室（大王家）の勢力範囲が図示されていたのである。

本来一豪族であった天皇（大王）と、高群氏のいう系のみの天皇とをどのように考えたらよいか、大いに気になったのであるが、深く考えることもないうちに、私自身の興味は国造《くにのみやつこ》制の問題に傾いていった。しばらくして、河内祥輔氏の「王位継承法試論」（佐伯有清編『日本古代史論考』吉川弘文館、一九八〇年）に接し、「天皇の系」（王統）というものが、大王の近親婚と多妻婚が結びついた特殊な血統にあることが私なりに了解された。

一豪族としての大王と、系のみの大王というのは、時代の前後として考えればよいのであり、五世紀までの一豪族としての大王から、継体《けいたい》天皇の即位を契機に、特殊な血統としての王統が諸豪族の合意のもとに作られていった、というのが私なりの結論であった。天皇という存在が、曲折を経ながらもなお今日において続いている理由の一つは、このような王統の作られ方にあったのではないかと考えている。

本書は、右の結論にもとづき、特殊な王統が形成されたのちの七世紀の政治史を叙述したものである。七世紀代に頻発した政権抗争を、王統の原理にもとづいて解釈し、そのことによって逆に、右のような王統の存在したことを証明しようとしたのである。その試みが成功しているか否かは、読者諸賢の判断にまかせるほかはない。

私が古代史に関心をもつようになったのは、高校時代に井上光貞氏の『日本国家の起源』（岩波書店、一九六〇年）を読んでからである。以来、古代史といっても、一貫して七世紀以前の古い時代に興味をもち、細々と研究を続けてきた。今日、この時代を対象とした研究は、けっして盛んであるとはいえない。たしかに、同時代の文字資料・文献史料に恵まれないこの時代の研究は困難である。というよりも、そもそもこの時代は、正統な文献史学の立場からすれば、研究対象とならない時代というべきかもしれない。

しかし、それだからといって、この時代の研究が軽視されてはならないであろう。最近は、七世紀代にさかのぼる木簡の出土例もふえ、七世紀史に対する関心は高まりつつあるように思われる。さらに古い時代も含め、この時代の研究が盛んになることを願ってやまない。

最後になったが、本書の刊行にあたっては、吉川弘文館編集部の方々に大変お世話になった。この場を借り、心より御礼申し上げたい。

二〇〇一年三月

篠川　賢

参考文献

荒木敏夫『日本古代の皇太子』（吉川弘文館、一九八五年）
同　　　『可能性としての女帝』（青木書店、一九九九年）
石母田正『日本の古代国家』（岩波書店、一九七一年）
井上光貞『日本古代国家の研究』（岩波書店、一九六五年）
上田正昭『日本の女帝』（講談社、一九七一年）
大橋信弥『日本古代国家の成立と息長氏』（吉川弘文館、一九八四年）
大山誠一『長屋王家木簡と金石文』（吉川弘文館、一九九八年）
加藤謙吉『蘇我氏と大和王権』（吉川弘文館、一九八三年）
門脇禎二『「大化改新」史論』上・下（思文閣出版、一九九一年）
北山茂夫『大化の改新』（岩波書店、一九六一年）
同　　　『続万葉の世紀』（東京大学出版会、一九七五年）
同　　　『天武朝』（中央公論社、一九七八年）
倉本一宏『日本古代国家成立期の政権構造』（吉川弘文館、一九九七年）
河内祥輔『古代政治史における天皇制の論理』（吉川弘文館、一九八六年）
小林敏男『古代女帝の時代』（校倉書房、一九八七年）

篠川　賢『日本古代の王権と王統』（吉川弘文館、二〇〇一年）
瀧波貞子『古代宮廷社会の研究』（思文閣出版、一九九一年）
田中嗣人『聖徳太子信仰の成立』（吉川弘文館、一九八三年）
寺西貞弘『古代天皇制史論』（創元社、一九八八年）
遠山美都男『大化改新』（中央公論社、一九九三年）
同　　『古代王権と大化改新』（雄山閣出版、一九九九年）
直木孝次郎『飛鳥奈良時代の研究』（塙書房、一九七五年）
長山泰孝『古代国家と王権』（吉川弘文館、一九九二年）
成清弘和『日本古代の王位継承と親族』（岩田書院、一九九九年）
仁藤敦史『古代王権と都城』（吉川弘文館、一九九八年）
星野良作『壬申の乱研究の展開』（吉川弘文館、一九九七年）
水谷千秋『継体天皇と古代の王権』（和泉書院、一九九九年）
八木　充『日本古代政治組織の研究』（塙書房、一九八六年）
山尾幸久『日本国家の形成』（岩波書店、一九七七年）
横田健一『白鳳天平の世界』（創元社、一九七三年）
吉村武彦『古代天皇の誕生』（角川書店、一九九八年）

著者紹介

一九五〇年、神奈川県生まれ

一九八一年、北海道大学文学研究科博士課程修了

現在、成城大学文芸学部教授

主要著書

国造制の成立と展開　日本古代国造制の研究

日本古代の王権と王統

歴史文化ライブラリー

122

飛鳥の朝廷と王統譜

二〇〇一年(平成十三)七月一日　第一刷発行

著　者　篠《しの》川《かわ》　賢《けん》

発行者　林　英男

発行所　株式会社吉川弘文館

東京都文京区本郷七丁目二番八号

郵便番号一一三―〇〇三三

電話〇三―三八一三―九一五一〈代表〉

振替口座〇〇一〇〇―五―二四四

印刷＝平文社　製本＝ナショナル製本

装幀＝山崎　登

歴史文化ライブラリー

1996.10

刊行のことば

現今の日本および国際社会は、さまざまな面で大変動の時代を迎えておりますが、近づきつつある二十一世紀は人類史の到達点として、物質的な繁栄のみならず文化や自然・社会環境を謳歌できる平和な社会でなければなりません。しかしながら高度成長・技術革新にともなう急激な変貌は「自己本位な刹那主義」の風潮を生みだし、先人が築いてきた歴史や文化に学ぶ余裕もなく、いまだ明るい人類の将来が展望できていないようにも見えます。このような状況を踏まえ、よりよい二十一世紀社会を築くために、人類誕生から現在に至る「人類の遺産・教訓」としてのあらゆる分野の歴史と文化を「歴史文化ライブラリー」として刊行することといたしました。

小社は、安政四年(一八五七)の創業以来、一貫して歴史学を中心とした専門出版社として書籍を刊行しつづけてまいりました。その経験を生かし、学問成果にもとづいた本叢書を刊行し社会的要請に応えて行きたいと考えております。

現代は、マスメディアが発達した高度情報化社会といわれますが、私どもはあくまでも活字を主体とした出版こそ、ものの本質を考える基礎と信じ、本叢書をとおして社会に訴えてまいりたいと思います。これから生まれでる一冊一冊が、それぞれの読者を知的冒険の旅へと誘い、希望に満ちた人類の未来を構築する糧となれば幸いです。

吉川弘文館

〈オンデマンド版〉
飛鳥の朝廷と王統譜

On Demand
歴史文化ライブラリー
122

2017年（平成29）10月1日　発行

著　者　篠《しの》川《かわ》　賢《けん》
発行者　吉川道郎
発行所　株式会社　吉川弘文館
〒113-0033　東京都文京区本郷7丁目2番8号
TEL　03-3813-9151〈代表〉
URL　http://www.yoshikawa-k.co.jp/

印刷・製本　大日本印刷株式会社
装　幀　清水良洋・宮崎萌美

篠川　賢（1950～）

ISBN978-4-642-75522-1